Gerhard Leibold

Isometrische Gymnastik

Zeitsparende Muskel- und Entspannungsübungen

ETB
ECON Taschenbuch Verlag

Im ECON Taschenbuch Verlag sind von Gerhard Leibold erschienen:
Gesund und fit durch Ballaststoffe (ETB 20082)
Risikofaktor Cholesterin (ETB 20083)
Die Schilddrüse (ETB 20106)
Körpertherapie (ETB 20114)
Das Kreuz mit dem Kreuz (ETB 20133)
Die Tage davor (ETB 20152)
Vitamin E (ETB 20162)
Naturheilkunde bei Kinderkrankheiten (ETB 20190)
Enzyme (ETB 20200)
Lebensfreude trotz Leistungsdruck (ETB 20208)
Schuppenflechte (ETB 20222)
Nie mehr Verstopfung (ETB 20250)
Krampfadern und Hämorrhoiden (ETB 20257)
Vitamin B (ETB 20268)
Heiltees (ETB 20293)
Akne (ETB 20310)
Heilerde (ETB 20349)
Die biologische Hausapotheke (ETB 20352)

CIP-Titelaufnahme der Deutschen Bibliothek

Leibold, Gerhard:
Isometrische Gymnastik: zeitsparende Muskel- u. Entspannungsübungen /
Gerhard Leibold.
Orig.-Ausg. – Düsseldorf: ECON Taschenbuch Verlag, 1988
(ETB 20241; ECON Ratgeber: Gesundheit)
ISBN 3-612-20241-3

Originalausgabe

© ECON Taschenbuch Verlag GmbH, Düsseldorf
Januar 1988
Umschlagentwurf: Ludwig Kaiser
Titelfoto: Photo-Design-Studio Gerhard Burock
Zeichnungen: Susanne Ueber
Die Ratschläge in diesem Buch sind von Autor und Verlag sorgfältig erwogen
und geprüft; dennoch kann eine Garantie nicht übernommen werden. Eine
Haftung des Autors bzw. des Verlags und seiner Beauftragten für Personen-,
Sach- und Vermögensschäden ist ausgeschlossen.
Satz: Formsatz GmbH, Diepholz
Druck und Bindearbeiten: Ebner Ulm
Printed in Germany
ISBN 3-612-20241-3

Inhaltsverzeichnis

Vorwort

»Ich weiß ja, daß ich mich viel mehr bewegen müßte,« räumen viele Patienten selbstkritisch ein, wenn man auf ihre Lebensweise zu sprechen kommt, fügen dann aber gleich einschränkend-entschuldigend hinzu »aber mir fehlt beim besten Willen die Zeit dazu.« Dieser Einwand ist natürlich nicht stichhaltig. Abgesehen davon, daß sich einige Minuten am Tag immer erübrigen lassen, muß man gerade bei so hohem Zeitdruck ganz besonders auf die Gesundheit achten, um den Belastungen gewachsen zu bleiben, und dazu gehört auch das körperliche Training.

In den letzten Jahren hat sich die Situation etwas gebessert. Mit dem wachsenden neuen Körperbewußtsein stieg auch die Zahl derer, die sich regelmäßig durch Training fit halten. Aber sie bilden nach wie vor eine Minderheit. Zwar geben in Umfragen viele an, daß sie Gymnastik und Sport treiben, wenn man genauer nachfragt, erfährt man aber oft, daß sie sich nur gelegentlich einmal zu etwas Gymnastik, Spaziergängen oder Radtouren »aufraffen«. Das genügt zur Gesunderhaltung nicht, dazu ist regelmäßiges Training unentbehrlich.

Die Folgen des Bewegungsmangels sind heimtückisch, denn man spürt sie nicht unmittelbar. Schleichend stellen sich im Laufe der Zeit die ersten Beschwerden ein, die noch nicht alarmierend sind und deshalb meist auf die leichte Schulter genommen werden. Man fühlt sich allgemein unwohl, oft chronisch müde, abgespannt, unkonzentriert, nervös und gereizt, gerät bei körperlichen Anstrengungen rasch außer Atem und spürt deutlich das Herz dabei klopfen, der Stuhlgang funktioniert nicht mehr richtig, vielleicht treten auch schon die ersten Beschwerden an den Gelenken und der Wirbelsäule und müde, schwere Beine als Vorboten von Krampfadern auf. Häufig wird auch die Stimmung in Mitleidenschaft gezogen, man fühlt sich grundlos deprimiert, leidet unter Wetterveränderungen und neigt vermehrt zu Erkältungen und anderen Infektionskrankheiten. Hauptsächlich erklären sich diese Symptome aus der ungenügenden Durchblutung und Sauerstoffversorgung, allgemeinen Verweichlichung, Erschlaffung der Muskeln und Bänder und verminderter »Schmierung« der Gelenke, die nur bei regelmäßigem Training voll funktionsfähig bleiben.

Im weiteren Verlauf treten dann Krankheiten auf, deren Zusammenhang mit dem Bewegungsmangel oft nicht mehr erkennbar ist. Herz-Kreislauf-Störungen, die großen »Zivilisationsseuchen« unserer Zeit, gehören ebenso dazu wie chronische Darmträgheit, Krampfadern, Hämorrhoiden, Übergewicht, Gelenk-, Bandscheibenschäden und vorzeitige Alterserscheinungen. Alle diese Erkrankungen können weitere nach sich ziehen. Diskutiert werden sogar Zusammenhänge zwischen Krebs und Bewegungsmangel, weil letzteres die Abwehr schwächt und durch unzureichende Sauerstoffversorgung den Gärungsstoffwechsel der Zellen begünstigt, der am Anfang der Zellentartung steht.

Die Risiken des Bewegungsmangels, die durch andere Fehler der heute üblichen Lebens- und Ernährungsweise verschlimmert werden, lassen sich durch isometrisches Training verringern. Das kostet weit weniger Zeit, als die meisten Menschen zunächst befürchten. Nur 90 Sekunden isometrische Übungen am Tag genügen schon, um eine ausreichende Wirkung zu erzielen, vorausgesetzt man trainiert konsequent jeden Tag. Und auch diese Übungen lassen sich noch »nebenbei« durchführen, zum Beispiel während der Körperpflege, beim Telefonieren, im Auto beim Warten an einer roten Ampel oder abends beim Fernsehen. Einfacher und zeitsparender geht es wirklich nicht mehr. Sobald man sich erst einmal daran gewöhnt und die positiven Wirkungen am eigenen Leib verspürt hat, wird das tägliche Training bald zur guten Gewohnheit, die man nicht mehr missen möchte. Zusammen mit vollwertiger Ernährung und Entspannungsübungen fördert man auf diese einfache Weise so gut wie möglich die Gesundheit, Leistungsfähigkeit und Lebensfreude.

Isometrisches Training –
»Gymnastik« ohne Bewegungen

Gemeinhin verbindet man mit körperlichem Training die Vorstellung von Bewegung durch Gymnastik und Sport. Bei den isometrischen Übungen trifft das nicht zu. Deshalb mißtrauen viele Menschen zunächst dieser Form körperlicher Ertüchtigung, die in so krassem Gegensatz zu allen anderen Methoden der Körperschulung steht. »Was soll das schon bringen, wenn ich meine Muskeln anspanne, ohne wirklich etwas zu leisten«, wird immer wieder dagegen eingewendet. Aber es gibt keinen Zweifel an der Wirksamkeit der Übungen, die durch praktische Erfahrungen ebenso wie durch wissenschaftliche Untersuchungen eindeutig belegt ist.

Um solche verbreiteten Vorbehalte abzubauen, die dem erfolgreichen Training im Weg stehen können, wollen wir einleitend zunächst untersuchen, auf welchem verblüffend einfachen, wirkungsvollen Prinzip die Methode beruht.

Was heißt Isometrik?

Wie die neuen Körpertherapien*, zu denen es im weiteren Sinn gehört, kam auch das isometrische Training aus den USA zu uns.

---

* Dazu empfehlen wir den ECON Ratgeber ETB 20114 »Körpertherapie – Einklang von Körper, Geist und Psyche« von Gerhard Leibold.

Im Gegensatz zu anderen »exportierten«, nicht immer uneingeschränkt gesunden Trainingsformen (man denke an die schon wieder abflauende, umstrittene Aerobicwelle) können isometrische Übungen uneingeschränkt auch untrainierten Menschen jeden Alters und sogar bettlägrig Kranken empfohlen werden. Inzwischen hat es in Europa schon viele – aber immer noch zu wenige – begeisterte Anhänger gefunden, die nicht allein von der erstaunlichen Wirkung überzeugt sind, sondern auch die einfache Durchführung und den geringen Zeitaufwand für das Training schätzen.

Der Begriff Isometrik stammt aus dem Griechischen und setzt sich aus den Worten iso (= gleich) und metric (= messend, auf Länge bezogen) zusammen. Er bringt zum Ausdruck, daß sich der trainierte Muskel dabei nicht verlängern und verkürzen soll, wie es bei Bewegungen der Fall ist. Er wird nur gegen ein unverrückbares Hindernis für einige Sekunden kräftig angespannt und dann wieder gelockert, ohne daß man ein Glied rührt.

So einfach das auch klingt, damit ist das isometrische Training im Prinzip schon beschrieben. Wie man es in der Praxis durchführt und weshalb es wirkt, erklären wir später noch ausführlich.

Entwicklung des Trainings

Das isometrische Training ist nicht neu, genau genommen kennt man es seit langem vor allem in der Krankengymnastik und bei der Ballettausbildung. Neu daran ist aber, daß man isometrische Übungen entwickelte, die über die klassischen Anwendungsgebiete hinaus zur allgemeinen Gesundheitspflege für jedermann geeignet sind.

Am Anfang des modernen isometrischen Trainings standen die Forschungsarbeiten von Dr. E. A. Müller, der als Direktor eines Max-Planck-Instituts in den 50er Jahren mit über 5000 Versuchspersonen arbeitete. Davon hörte während der Olympiade in Rom im Sommer 1960 der amerikanische Professor für Körperkultur an der New Yorker Universität Victor Obeck. Ihn beschäftigte schon lange das Problem, daß bei zahllosen Menschen der körperliche

Zustand schon in der Kindheit und frühen Jugend sehr schlecht ist, weil sie keinen Sport treiben und auch kaum zu einem regelmäßigen zeitraubenderen Training zu motivieren sind. In dieser Situation kam ihm der Vortrag über die Arbeit von Dr. Müller als Denkanstoß gerade gelegen – ein einfaches Training, von jedermann in wenigen Sekunden täglich ohne Risiko durchgeführt, das konnte die Lösung sein.

Nach seiner Rückkehr aus Rom ging er daran, die Isometrik an sich selbst, seiner Familie und vielen seiner Studenten zu überprüfen. Nach 3jähriger Erfahrung wich seine anfängliche Skepsis der Überzeugung, daß mit dem isometrischen Training ein Übungsprogramm gefunden war, das eine »Revolution« in der Gesundheitsvorsorge durch Körperschulung darstellte.

In der Folgezeit wurde das von Professor Obeck entwickelte Trainingsprogramm zunächst in USA verbreitet, später schaffte es dann auch den Sprung über den Ozean nach Europa. Begünstigt wurde diese Entwicklung durch das neu erwachende Körperbewußtsein, mit dem sich immer mehr Menschen in USA und (mit der üblichen zeitlichen Verzögerung) auch bei uns gegen die traditionelle Körperfeindlichkeit der westlichen Kultur auflehnten. Isometrik bedeutet ja nicht allein körperliche Ertüchtigung, sondern macht auch die Funktionen der dabei trainierten Muskulatur und damit den ganzen Körper wieder bewußt. So betrachtet dient das Training nicht allein der Gesunderhaltung des Körpers, sondern trägt mit zur Harmonisierung von Körper, Geist und Seelenleben als Grundvoraussetzung ganzheitlicher Gesundheit, Selbstverwirklichung und Lebensfreude bei. Gerade für den heutigen, oft sehr einseitig geforderten Menschen kann das zur entscheidenden Wende in seinem unerfüllten Leben werden.

Wirkungsweise der isometrischen Übungen

Um die Wirkungen des isometrischen Trainings zu verstehen, muß man zunächst wissen, wie die Muskeln aufgebaut sind und arbeiten. Dazu wollen wir jetzt einen kurzen »Ausflug« in die Anatomie unternehmen.

Als Muskel bezeichnet man Gewebe, das deutlich gegen seine Umgebung abgrenzbar ist. Es zeichnet sich durch die Fähigkeit aus, sich durch Verdickung zu verkürzen, so daß Bewegungen ausgeführt werden, und danach wieder in den Ausgangszustand zurückzukehren. Den Befehl dazu erhalten die Muskeln durch Nervenreize, die chemisch von den Nervenenden auf die Muskeln übertragen werden und dazu führen, daß sich die im Muskelgewebe befindlichen Fasern teleskopartig gegeneinander verschieben.

Jeder Muskel enthält viele (zum Teil einige hundert) dieser Fasern. Unter dem Mikroskop erkennt man ihre typischen Unterschiede, nach denen man die Muskulatur in glatte und quergestreifte Muskeln einteilt. Diese Unterscheidung ist wichtig, denn die glatte Muskulatur unterliegt nicht unserem Willen, sondern arbeitet selbständig, gesteuert durch das ebenfalls vom Willen unabhängige vegetative Nervensystem.

- Quergestreifte, bis 12 cm lange Muskelfasern weisen verschiedene Streifen auf und dienen als Skelettmuskeln der Ausführung aller willkürlichen Körperbewegungen;
- an den winzigen (nur bis 560 μ* langen) glatten Muskelfasern erkennt man keine Streifung; sie bewirken hauptsächlich die Bewegungen der Eingeweide und die Verengung oder Erweiterung der Blutgefäße, Körperfunktionen also, die uns normalerweise nicht bewußt werden.

Der Herzmuskel tanzt als einziger aus der Reihe, denn seine Fasern sind zwar quergestreift wie die der Skelettmuskeln, können aber nicht wie diese willkürlich gesteuert werden, sondern arbeiten wie die glatte Muskulatur automatisch (nur indirekt kann man die Herzmuskelfunktionen bis zu einem gewissen Grad beeinflussen).

Die einzeln oder zu Gruppen angeordneten Muskeln werden von festen Bindegewebshüllen umgeben, die man als Faszien bezeichnet. Sie bedecken fast den ganzen Körper zwischen Muskulatur und Unterhaut. Derbe Fasern fixieren die Haut auf dieser Bindegewebshülle.

---

* 1 μ = 1 Mikrometer = 0,000001 m

Jeder Skelettmuskel wird an mindestens 2 Knochen, die durch ein Gelenk miteinander in Verbindung stehen, mit kräftigen Bindegewebsfasern befestigt. Die eine dieser Heftstellen nennt man Ursprung, die andere Ansatz. Die Fasern des Muskelursprungs bezeichnet man als Muskelkopf, die am Ansatz als Muskelschwanz; dazwischen befindet sich der Muskelbauch, der sich beim Zusammenziehen verdickt. Manche Muskeln haben 2 (Bizeps), 3 (Trizeps) oder 4 (Quadrizeps) Muskelköpfe, der Muskelbauch kann durch Sehnen in mehrere Bäuche unterteilt werden.

Die Aufgabe der Muskulatur besteht nicht nur darin, Bewegungen auszuführen. Durch ständige schwache Nervenreize wird sie auch bei völliger Bewegungslosigkeit ständig unter einem gewissen, individuell unterschiedlichen Spannungszustand (Tonus) gehalten. Der Tonus der Skelettmuskulatur gewährleistet den Kontakt der einzelnen Knochen miteinander, der Tonus der Bauchmuskeln verhindert den Vorfall der Eingeweide und der Tonus der Blutgefäßwände ist mit für den Blutdruck und die Blutverteilung im Körper zuständig.

Isometrisches Training kann nur die willkürliche, gestreifte Skelettmuskulatur direkt beeinflussen. Die glatte Muskulatur entzieht sich der Wirkung aber nicht ganz, denn der beim Training veränderte Spannungszustand der Skelettmuskeln teilt sich indirekt auch ihr mit. Deshalb verbessert das Training nicht nur beispielsweise die Körperhaltung und Koordination der Bewegungen, sondern kann indirekt auch auf den Blutdruck und andere unwillkürliche Körperfunktionen Einfluß nehmen.

Die Skelettmuskeln arbeiten nicht nach dem »Alles-oder-Nichts-Prinzip« (das wäre auch nicht sinnvoll), der Kraftaufwand kann vielmehr sehr genau dem Zweck einer Bewegung angepaßt werden, indem sich unterschiedlich viele Muskelfasern gegeneinander verschieben. Normalerweise benötigen wir immer nur einen kleinen Teil der Muskelfasern, ausgenommen bei ungewöhnlich hoher Anstrengung. Das gilt auch für Gymnastik und Sport, bei denen man sich nicht völlig verausgaben darf. Allerdings hat das zur Folge, daß man beim üblichen Training stets nur einen Teil der Muskelfasern stärkt, während die anderen trotz der Übungen erschlaffen.

Ganz anders verhält es sich beim isometrischen Training, obwohl man dabei überhaupt keine Bewegungen als Leistung der Muskulatur ausführt. Gerade diese Unbeweglichkeit bildet die Voraussetzung für die Wirksamkeit der Übungen, die auf einem verblüffend einfachen Prinzip beruhen und Muskelfasern aktivieren, die man sonst nie benötigt. Über solche Reserven für den Notfall verfügt offenbar jeder Mensch, wie Beispiele beweisen. Der folgende Fall mag unglaublich klingen, ist aber gut dokumentiert und veranschaulicht das Reservepotential, das der Körper in Ausnahmefällen aktivieren kann:

Ein Bahnstreckenwärter befand sich mit seiner Draisine auf einer Kontrollfahrt. Plötzlich sah er in der Ferne in einer Kurve auf seinem Gleis einen Personenzug herankommen, der versehentlich in die gleiche Strecke eingefahren war. Ein Zusammenstoß mit der schweren Draisine, überlegte der Mann blitzschnell, mußte verheerende Folgen haben. Ohne sich zu fragen, ob er dazu überhaupt genug Kraft hatte, sprang er von der Maschine herunter und hob sie vor dem heranbrausenden Zug aus den Schienen, so daß dieser Sekunden später gefahrlos durchfahren konnte.

Bei der späteren Rekonstruktion des Beinah-Unfalls war es dem Mann unmöglich, die Draisine nochmals aus den Schienen zu kippen, sie war viel zu schwer. Nur die akute Gefahr hatte seine Kräfte ins schier Übermenschliche anwachsen lassen.

Es gibt noch mehr solcher Berichte aus aller Welt, an denen wir erkennen, daß es sich hier um keinen extremen Ausnahmefall handelte, so zum Beispiel die schmächtige Mutter, die ein tonnenschweres Auto anhob, damit man ihren darunter eingeklemmten Sohn hervorziehen konnte, während kräftige Männer um den Wagen herumstanden und auf den Kranwagen warteten.

Im Prinzip erfolgt beim isometrischen Training eine ähnlich hohe, kurze Anspannung aller Muskelfasern. Geübt wird an einem Widerstand, gegen den man mit aller Kraft drückt oder an dem man kräftig zieht. Da er aber unüberwindlich ist, werden praktisch alle Muskelfasern der trainierten Muskelgruppen, auch die vielen, die man gewöhnlich nie benötigt, zur kräftigen Anspannung gezwungen und ungeahnte Reserven mobilisiert, ohne daß es zur Überforderung kommt. Die Anspannung läßt sich am ehesten mit der

vergleichen, die notwendig ist, um ein schweres Gewicht hochzu-
heben, wegzuschieben oder zu ziehen, fällt aber wegen der Un-
überwindlichkeit des Widerstands noch etwas stärker aus.
Isometrisches Training umfaßt also nahezu alle Muskelfasern. Natürlich kann man dagegen einwenden, daß man im Alltag voraus-
sichtlich nie soviel Kraft benötigt, aber darauf kommt es bei den
Übungen auch nicht an. Entscheidend ist, daß die Muskeln beim
Training so gut wie möglich durchblutet und gekräftigt werden.
Auch wenn man die dadurch allmählich gewonnenen Kraftreser-
ven niemals einsetzen muß, kommt das doch ganz allgemein der
Gesundheit zugute, insbesondere der Haltung, besseren Durchblutung und Sauerstoffversorgung des ganzen Körpers, die vor
vielen Krankheiten schützt.

Durchführung der Übungen

Die genaue Durchführung der einzelnen Übungen wird später
noch ausführlich beschrieben, hier interessieren nur die allgemeinen Regeln für das Training. Im Vordergrund steht das regelmäßige Üben, denn wer Isometrik nur ab und zu einmal praktiziert,
wird dadurch keine bleibenden Erfolge erzielen. (Das gilt für jede
Form des Trainings.) Dazu benötigt man ein ausreichendes Motiv, das über alle Anfangsschwierigkeiten hinweghilft. Ein »Re-
zept« dazu kann kein Buch vermitteln, denn es gibt unzählige
mögliche Motive; jeder muß das finden, das ihm am meisten entspricht. Erhaltung und Verbesserung der Gesundheit, Leistungsfähigkeit und des allgemeinen Wohlbefindens kann ein sehr wich-
tiges Motiv sein, das viele Menschen zum regelmäßigen Training
veranlaßt. Wer keine konkreten anderen Vorstellungen für sich
selbst entwickeln will, kann es damit einmal versuchen. Erst wenn
sich beim Üben herausstellt, daß dieses Motiv nicht genügt, muß
ein anderes »maßgeschneidertes« gefunden werden. In Frage
kommen zum Beispiel noch besseres Aussehen und straffere Körperhaltung, ebenfalls zur Motivation gut geeignete Absichten, die
man durch isometrisches Training verwirklichen kann. Man sollte
sich immer genügend Zeit nehmen, um das individuell richtige

Motiv zu finden, denn davon kann der Erfolg entscheidend abhängen.

Wenn die Motive für das Training zufriedenstellend geklärt sind, muß man sich überlegen, wann man die regelmäßigen Übungen im Laufe des Tages durchführen will. Das bleibt ebenfalls weitgehend den persönlichen Bedürfnissen überlassen. Grundsätzlich empfiehlt es sich, das Training jeden Tag zur gleichen Zeit zu absolvieren, damit es bald zur guten Gewohnheit wird.

Viele Menschen trainieren gleich morgens nach dem Aufstehen, um fit in den Tag zu gehen, eine sinnvolle Absicht, die aber erfordert, daß man ein wenig früher aufsteht, um das Training in Ruhe durchführen zu können. Gut eignet sich das Training aber auch am Nachmittag, wenn man von der Arbeit kommt und den Streß abschütteln will, oder am Abend vor dem Schlafengehen zur Entspannung. Anfänger, die sich nicht gleich für eine bestimmte Zeit entscheiden können, sollten das Grundprogramm zunächst versuchsweise zu verschiedenen Zeiten durchführen, sich dann aber bald für eine bestimmte Zeit entschließen und diese möglichst immer einhalten.

Abgesehen von diesem Grundtraining, das Tag für Tag mindestens 90 Sekunden dauern soll, um ausreichend wirken zu können, bieten sich im Tagesverlauf immer wieder Gelegenheiten, um für einige Sekunden zu üben, wenn man sich beispielsweise müde und abgespannt fühlt oder berufsbedingte Fehlhaltungen ausgleichen will. Das richtet sich stets nach den persönlichen Lebensumständen.

Wie für alle Formen des körperlichen Trainings – überhaupt für alle Methoden zur Gesundheitsvorsorge – gilt auch für das isometrische Training die Warnung vor Übertreibungen. Zwar eignen sich isometrische Übungen auch für völlig untrainierte, alte und kranke Menschen, aber sie können nicht immer von Anfang an ihre volle Kraft einsetzen, ohne sich zu überfordern. Der Ungeübte wird also zunächst nur mit »halber Kraft« trainieren und entsprechend dem Übungsfortschritt allmählich steigern; alte und geschwächte kranke Menschen besprechen das Training grundsätzlich immer mit ihrem Therapeuten, der bei Bedarf je nach Einzelfall bestimmte Einschränkungen verordnen wird.

Die einzelnen Übungen müssen genau nach der später folgenden Beschreibung durchgeführt werden, um jedes Risiko zu vermeiden und optimal zu wirken. Grundsätzlich gilt dazu, daß man die Muskeln jeweils für 6 Sekunden kräftig anspannt und dann wieder lockert. Nach den heute vorliegenden wissenschaftlichen Untersuchungen genügt das, um die Muskelkraft innerhalb von 1 Woche um 5 % zu erhöhen. Mit diesem Ergebnis sollte man sich begnügen und nicht versuchen, den Erfolg durch verlängerte Muskelanspannung zu beschleunigen. Sicher schadet es kaum, wenn man auch einmal 7 oder 8 Sekunden lang die Muskulatur anspannt, aber 6 Sekunden gelten als optimal. Für ungeübte, alte und kranke Menschen können anfangs auch nur 2 – 3 Sekunden angebracht sein, die dann aber entsprechend der durch ständiges Training verbesserten Leistungsfähigkeit allmählich auf 6 Sekunden gesteigert werden sollten.

Am besten zählt man bei der Anspannung der Muskeln im Geist langsam von 21 – 26, das entspricht ungefähr 6 Sekunden; das Zählen von 1 – 6 bleibt meist darunter, wenn man nicht sehr langsam zählt. Dabei sollte man die Muskelspannung nicht einfach 6 Sekunden lang unvermindert halten und dann wieder lockern, sondern versuchen, sie während dieser Zeitspanne noch zu verstärken, das verbessert die Wirkung.

Vermeiden sollte man den häufigen Anfängerfehler, während dieser 6 Sekunden den Atem anzuhalten und zu pressen, das schadet der Gesundheit. Die Atmung wird ruhig und tief fortgesetzt, damit unterstützt man die Trainingswirkung am besten. Da viele Menschen heute aber zur hektischen Kurzatmung neigen, kann es erforderlich sein, das Training durch Atemübungen einzuleiten. Sie vertiefen die Atmung nicht nur während des isometrischen Trainings, sondern helfen auch im Alltag. Anregungen dazu gibt es in verschiedenen Büchern zum Thema Atemschulung*. Wer unter organischen Erkrankungen des Herz-Kreislauf-Systems oder der Atemorgane leidet, muß aber vor dem Atemtraining un-

---

* Dazu empfehlen wir den ECON Ratgeber ETB 20223 »Atemschulung – Ein Weg zum seelischen und körperlichen Gleichgewicht« von Margot Scheufele-Osenberg.

bedingt den Therapeuten befragen, da es zu unerwünschten Nebenwirkungen kommen könnte.

Wenn man sich an das regelmäßige isometrische Training erst einmal gewöhnt hat, sollte man des Guten noch etwas mehr tun, um die Gesundheitsvorsorge zu verbessern, indem man jeden Tag zusätzlich einige Minuten Gymnastik und mehrmals wöchentlich etwas Sport betreibt.

Anwendungsgebiete des Trainings

Das isometrische Trainingsprogramm zeichnet sich durch seine vielseitige Wirkung aus, die der bei üblicher Gymnastik oder Sport nicht nachsteht. In manchen Bereichen kann es die anderen Körperübungen zwar nicht überflüssig machen, sorgt aber vor allem dafür, daß man die dazu notwendige Muskelkraft rasch wieder erwirbt, selbst wenn man vorher lange Zeit überhaupt nicht mehr trainiert hat. Bei richtiger Durchführung des Grundprogramms wird der ganze Körper günstig beeinflußt.

Steigerung der Muskelkraft

Regelmäßig durchgeführte isometrische Übungen steigern die Muskelkraft allmählich deutlich, der Kraftzuwachs beträgt wöchentlich ungefähr 5 %. Das bedeutet nun aber nicht, daß sich der Muskelumfang in gleichem Maße erhöht, wie man das zum Beispiel vom Bodybuilding kennt. Zwar wirkt man nach einiger Zeit etwas muskulöser, aber in erster Linie verändert das Training weitgehend unsichtbar den Zustand der Muskulatur. Deshalb können auch Frauen, die keinen Wert auf deutlichere Ausbildung ihrer Muskulatur legen, die Übungen unbedenklich durchführen. Zum Bodybuilding (heute übrigens keine Domäne der Männer mehr) eignet sich das isometrische Training nur ergänzend.

Für die Mehrzahl derjenigen, die isometrische Übungen absolvieren, spielt die Kraftzunahme nur eine untergeordnete Rolle. »Ich habe wohl ohnehin nie die Gelegenheit, diese Kraft zu nutzen, für mich ist der gesundheitliche Wert wichtiger,« hört man von vielen. Aber allein unter diesem Aspekt darf man die Kraftzunahme nicht beurteilen. Mehr Muskelkraft bedeutet nicht nur höhere körperliche Leistungsfähigkeit, die man bei vielen Gelegenheiten zumindest teilweise doch einsetzen kann, sondern wirkt sich auch günstig auf die Haltung und die Bewegungen aus. Straffe, gut trainierte Muskeln geben der Wirbelsäule mehr Halt und lassen die Bewegungen harmonischer und sicherer werden. Indirekt wirkt sich das bis in den seelischen Bereich aus, denn wer äußerlich sicherer auftritt, fühlt sich bald auch seelisch sicherer und ausgeglichener.

Darüber hinaus begünstigt der Zuwachs an Muskelkraft das zusätzliche körperliche Training durch Gymnastik und Sport. Auch völlig Ungeübte können dank der Vorbereitung durch Isometrik ihr Trainingsprogramm rascher steigern, ohne eine schädliche Überforderung befürchten zu müssen, und die Lockerung der Muskulatur bei isometrischen Übungen vor dem Gymnastik- oder Sportprogramm beugt Verletzungen vor.

Der Zuwachs an Muskelkraft durch isometrisches Training spielt also doch keine so untergeordnete Rolle, wie oft angenommen wird. Man sollte zwar nicht allein deshalb regelmäßig üben, wird die günstigen Folgen aber doch bald zu schätzen wissen.

Anregung des Kreislaufs

Allgemeine Durchblutungsstörungen als Folge des Bewegungsmangels sind heute weit verbreitet, vor allem die Krampfadern*, die im Laufe der Zeit zu erheblichen Beschwerden und Komplikationen bis hin zur akut lebensgefährlichen Embolie führen können. Aber auch häufige Schwindelanfälle, Ohrensausen, chronisch kalte Glieder und ähnliche Folgen der mangelnden Kreislauffunktion und Sauerstoffversorgung sind schon unangenehm genug und dürfen nicht vernachlässigt werden.

Isometrisches Training kann den Kreislauf allmählich stabilisieren

---

* Darüber informiert der ECON Ratgeber ETB 20257 »Krampfadern und Hämorrhoiden – vorbeugen und heilen« von Gerhard Leibold.

und wirkt besonders dann gut, wenn man zusätzlich noch etwas Gymnastik und Sport regelmäßig betreibt. Die Wirkung erklärt sich hauptsächlich aus der Anregung der Durchblutung in den Venen. Diese hängt nämlich zum großen Teil von der Aktivität der benachbarten Muskelgruppen ab. Wenn ein Muskel sich zusammenzieht, übt er eine Art »Massagewirkung« auf die Venen in seiner Umgebung aus und fördert so den Blutstrom zum Herzen. Isometrische Übungen verhindern oder beseitigen daher Blutstauungen in den Venen, beugen Krampfadern vor oder ergänzen wirksam ihre Behandlung.

Allerdings darf man sich bei Durchblutungsstörungen nicht mit 90 Sekunden isometrischem Training am Tag begnügen, das hilft nur wenig. Vielmehr sollte man möglichst oft zwischendurch immer wieder einmal für 6 Sekunden vor allem die Beinmuskulatur anspannen, damit sich die Venen entleeren.

Abgesehen von der unmittelbaren Wirkung des Trainings auf die Venen wird die Durchblutung auch noch indirekt verbessert, weil sich der Tonus der geübten Skelettmuskulatur auch den Gefäßmuskeln mitteilt. Dadurch wird der Blutdruck und die Blutverteilung mit beeinflußt.

Besonders wichtig sind isometrische Übungen bei längerer Bettlägrigkeit, zum Beispiel nach Operationen, Geburten oder bei schweren Krankheiten. Die Unbeweglichkeit führt in solchen Fällen nicht selten zu Thrombosen und Embolien. Durch regelmäßige isometrische Übungen beugt man diesen gefürchteten Komplikationen gut vor; nach Zustimmung des Therapeuten kann das Training auch von Schwerkranken absolviert werden.

Abbau von Übergewicht

Wer hofft, durch isometrisches Training rasch und bequem überflüssige Pfunde abbauen zu können, wird im allgemeinen enttäuscht werden. Der Kalorienverbrauch durch die kurzen Übungen ist viel zu gering, als daß man allein dadurch schnell genug abnehmen könnte (das gilt aber im allgemeinen auch für Gymnastik und Sport). Deshalb führt an der Schlankheitsdiät, ergänzt durch die meist sehr wichtige positive Selbstbeeinflussung* zur Beseitigung der seelischen Wurzeln des Übergewichts, kein Weg vorbei.

Trotzdem können die isometrischen Übungen mit zur Gewichtsabnahme beitragen. Auf einem gut trainierten Muskel setzt sich nämlich nicht so leicht Fett an wie auf einem schlaffen; vorhandene Fettansätze werden durch die Übungen gezielt beseitigt. Hinzu kommt die Anregung des Stoffwechsels durch Isometrik, die den Abbau von Fettzellen unterstützt. Die praktische Erfahrung lehrt denn auch, daß Schlankheitskuren, die durch isometrisches Training ergänzt werden, meist rascher und zuverlässiger zum Ziel führen. Damit beseitigt man einen wichtigen Risikofaktor für die Gesundheit und sollte zukünftig durch vernünftige Ernährung und Lebensweise mit ausreichend Bewegung dafür sorgen, daß die Pfunde nicht schon bald wieder zurückkehren.

Schlankheitskuren werden möglichst nach Rücksprache mit dem Therapeuten durchgeführt und dürfen nicht übertrieben werden, sonst drohen erhebliche Gesundheitsstörungen. Wenn nichts anderes verordnet wird, genügt wöchentlich eine Gewichtsabnahme um etwa 1,5 kg (da 1 kg Körperfett ungefähr 7000 – 7500 Kalorien entspricht, müssen dazu täglich 1500 – 1600 Kalorien eingespart werden). Eindringlich zu warnen ist vor den immer wieder propagierten einseitigen Schlankheitskuren, die zwar rasch wirken, aber der Gesundheit erheblich schaden können. Davor bewahrt nur eine vernünftige, vollwertig zusammengestellte Reduktionsdiät** nach einem guten Buch.

Nach der erfolgreichen Schlankheitskur muß die vorher gewohnte falsche Kost, die zum Übergewicht führte, grundlegend reformiert werden, sonst kann man sich nicht lang an der mühsam wiedergewonnenen guten Figur erfreuen.

---

* Eine bewährte Methode zum Abnehmen durch positive Selbstbeeinflussung stellt der ECON Ratgeber ETB 20008 »Schlank im Schlaf durch vertiefte Entspannung« von Alfred Bierach vor.
** Anleitungen zur vollwertigen Reduktionsdiät enthält der ECON Ratgeber ETB 20019 »Diät mit Bio-Kost – Schlank, gesund und fit« von Ilse Sibylle Dörner.

Besseres Aussehen

Die günstige Wirkung des isometrischen Trainings auf das Aussehen wird von Menschen, die noch über keine Erfahrung damit verfügen, oft angezweifelt. »Ich verstehe ja, daß die Übungen die Muskelkraft und die Durchblutung steigern, aber wie soll dadurch mein Aussehen verbessert werden,« fragen sie skeptisch.

Zunächst sei daran erinnert, daß die Straffung und Kräftigung der Muskulatur die Haltung verbessert und die Bewegungsabläufe harmonisiert. Das allein führt schon zu einer Verbesserung des äußeren Erscheinungsbilds. Hinzu kommt die Anregung der Durchblutung und des Stoffwechsels, die sich auch auf die Haut günstig auswirkt; sie wird gestrafft, besser durchblutet und wirkt dadurch wieder gesünder und frischer. Schließlich gibt es noch verschiedene isometrische Übungen speziell für das Gesicht, die ebenfalls mit zum besseren Aussehen beitragen. Nicht zuletzt darf man die seelischen Wirkungen des Trainings nicht vergessen, die das Aussehen unter Umständen entscheidend verändern.

Daraus ergibt sich, daß isometrisches Training ganz selbstverständlich zur täglichen Körper- und Schönheitspflege gehören sollte. Zusammen mit natürlichen Kosmetika* wirken die Übungen vorzeitigen Alterserscheinungen besser als viele teuere »Wundermittel« entgegen, die nicht halten, was sie versprechen. Und man läuft nicht Gefahr, künstlich »jung« zu wirken und sich dadurch lächerlich zu machen.

Die Folgen des verbesserten Aussehens darf man nicht unterschätzen. Gutes Aussehen stärkt das Selbstbewußtsein, erleichtert soziale Kontakte und begünstigt viele Ziele und Absichten. Außerdem liegen neuste Erkenntnisse aus USA vor, nach denen die Haut eine zentrale Rolle bei der Körperabwehr spielt. Indem man ihre Funktionen verbessert, stärkt man also auch die lebenswichtige körpereigene Abwehr- und Widerstandskraft gegen zahlreiche Krankheiten.

---

* Hierzu verweisen wir auf den ECON Ratgeber ETB 20025 »Natürlich schön durch Bio-Kosmetik« von Chris Stadtlaender.

Gute Körperhaltung

Mit der Haltung sieht es in allen Industrienationen bei den meisten Menschen sehr schlecht aus. Schon in jungen Jahren leiden viele unter chronischer Haltungsschwäche, die Wirbel und Bandscheiben frühzeitig verschleißt. Daraus entwickeln sich dann bald – oft noch vor dem 30. Lebensjahr – bleibende Schäden am Stütz- und Bewegungsapparat, die sich ständig verschlimmern, bis die Beweglichkeit stark eingeschränkt ist. Deshalb kommt der rechtzeitigen Vorbeugung eine wichtige Rolle zu.

Die aufrechte Körperhaltung, eine der Ursachen für die Haltungsschwäche (die Wirbel und Bandscheiben haben sich dieser Haltung noch nicht ausreichend angepaßt), können wir natürlich nicht mehr aufgeben. Aber die 2. wichtige Ursache, der Mangel an Bewegung, sollte so früh wie möglich konsequent beseitigt werden. Dazu eignet sich das isometrische Training gut, ergänzt durch spezielle gymnastische Übungen für die Wirbelsäule. Man stärkt dadurch vor allem die kleinen Muskeln seitlich der Wirbelsäule, die mit für die Haltung wichtig sind, und entlastet die Wirbel und Bandscheiben, außerdem werden bei der Gymnastik die kleinen Wirbelgelenke wieder besser »geschmiert« und vor vorzeitiger Abnutzung bewahrt.

Zur guten Körperhaltung gehört ferner, daß man Übergewicht vermeidet oder dauerhaft wieder abbaut. Es belastet die Wirbel und Bandscheiben erheblich und Fettansatz am Bauch fördert durch die statisch ungünstige Gewichtsverteilung vor allem Schäden im Bereich der ohnehin stark beanspruchten Lendenwirbelsäule. (Wie bereits beschrieben, kann isometrisches Training auch zur Gewichtsabnahme beitragen.)

Nicht zuletzt gehört zur Entlastung der Wirbel und Bandscheiben auch noch die Beseitigung seelischer Fehlhaltungen, die oft mit an der Haltungsschwäche beteiligt sind. Mehr als viele Worte verdeutlicht der Volksmund den Zusammenhang zwischen körperlicher Haltung und Seelenleben, man denke an Sprüche wie »Haltung bewahren«, »jemandem den Rücken stärken« oder »von Kummer gebeugt«. Indirekt wirken die isometrischen Übungen auch auf die seelischen Fehlhaltungen, so daß man al-

lein dadurch schon eine befriedigende Besserung von Haltungs-
fehlern erzielt.

Besonders gut bewährt sich bei Fehlhaltungen die Kombination der Isometrik mit der Haltungskorrektur nach Alexander.
Vereinfacht dargestellt prägt man sich dazu immer wieder die folgende Vorstellung ein: »Kinn herein – Brust heraus – Bauch herein.« Anfangs muß man diese Haltungskorrektur noch bewußt
vornehmen, durch häufige Wiederholung prägt sich die Vorstellung aber dem Unbewußten ein und beeinflußt schließlich automatisch die Körperhaltung. Dann werden Abknickungen der
Wirbelsäule und Fehlbelastungen der Bandscheiben und Wirbel
vermieden.

Isometrisches Training und spezielle gymnastische Rückenübungen schaffen durch Kräftigung der Rückenmuskulatur die Voraussetzungen dafür, daß man die Haltungskorrektur mühelos
durchführen kann.

Kurze Entspannung

Auf den ersten Blick lassen sich Entspannung und isometrisches
Üben nicht vereinbaren, denn man trainiert die Muskulatur ja
durch kräftige Anspannung. Aber nach 6 Sekunden löst man diese Spannung wieder und die Muskeln werden danach wegen der
vorangegangenen Anstrengung spürbar gelockert. Dadurch lassen sich viele körperliche Spannungen und Verkrampfungen lindern oder ganz beseitigen, die Durchblutung funktioniert wieder
besser und trägt ebenfalls zur Entspannung bei, und auch das
Nervensystem wird harmonisiert.

Diese entspannende Wirkung beschränkt sich nicht auf die unmittelbar trainierten Muskelgruppen, sondern setzt sich bei Geübten
im ganzen Körper fort; ein Muskel teilt dem anderen über das
Nervensystem nämlich seinen Tonus mit. Außerdem wirkt sich
die körperliche Entspannung auf das Seelenleben günstig aus,
man wird auch innerlich gelassener und gelöster, kann den Streß
des Alltags abschütteln und sich viel tiefer als ohne isometrisches
Training entspannen.

Besonders empfehlenswert ist die Kombination von Isometrik mit einer speziellen Entspannungstechnik, zum Beispiel mit dem autogenen Training* nach Professor Schultz. Die Originalmethode sieht zwar vor, daß man die Entspannung allein durch entsprechende Vorstellungen herbeiführt, aber das fällt vielen Menschen (zumindest anfangs) schwer. Wenn sie aber nach der kurzen isometrischen Muskelanspannung die Lösung der Muskulatur tatsächlich am eigenen Leib verspüren, gelangen sie oft rascher und deutlicher zu ersten Erfolgen mit dem autogenen Training. Diese sind sehr wichtig, weil sie zum Durchhalten motivieren.

Auf dieser Erfahrung baute der amerikanische Professor Jacobson unabhängig vom autogenen Training seine eigene Entspannungsmethode auf, die als progressive Relaxation vor allem im angloamerikanischen Sprachraum viele Anhänger fand, bei uns aber neben dem autogenen Training noch weitgehend unbekannt blieb. Dabei spannt man in genau vorgegebener Reihenfolge verschiedene Muskelgruppen wie beim isometrischen Training kurz an und läßt sie dann wieder los, um die Entspannung bewußt zu erleben. Die Methode hat sich gut bewährt und verdiente es, auch bei uns vermehrt eingesetzt zu werden. Da das aber mangels damit vertrauter Therapeuten und ausreichend allgemeinverständlicher Literatur zum Selbstlernen vorläufig noch nicht zu erwarten ist, bleibt oft doch nur die ähnlich wirksame Kombination von isometrischen Übungen mit dem autogenen Training.

Auch alle anderen Techniken zur tiefen Entspannung, Meditation und Selbstbeeinflussung kann man durch Isometrik ergänzen, um ihre Wirkung zu verbessern, zum Beispiel Yoga** und Transzendentale Meditation***.

---

*   Anleitungen zum autogenen Training finden Sie in den ECON Ratgebern ETB 20141 »Gesund durch autogenes Training« und ETB 20098 »Autogenes Training für Fortgeschrittene«, beide von Gisela Eberlein.

**   Über diese Entspannungsmethode berichten die ECON Ratgeber ETB 20030 »Yoga Meditation« von Hartmut Weiss und ETB 20163 »Autogenes Yoga« von Dennis Boyes.

*** Diese Technik stellt der ECON Ratgeber ETB 20021 »Kräfte aus der Stille« von Bernhard Müller-Elmau vor.

Tiefe Entspannung eignet sich auch gut zur Vorbereitung auf Gymnastik und Sport. Die durch Isometrik gelockerten und gekräftigten Muskeln arbeiten harmonischer und neigen weniger zu Verletzungen, gerade für Untrainierte eine sehr wichtige Wirkung.

Allgemeine Gesundheitsvorsorge

Mangel an körperlicher Bewegung steht zusammen mit falscher Ernährung im Vordergrund der »hausgemachten« Gesundheitsrisiken des heutigen Menschen. Zahlreiche Krankheiten werden dadurch begünstigt, die man unter dem Oberbegriff Zivilisationskrankheiten zusammenfaßt. Isometrisches Training kann viel mit zur Vorbeugung solcher Erkrankungen beitragen. Meist wirkt es aber nicht gezielt, sondern fördert die Gesundheit allgemein.

Zu den wichtigsten vorbeugenden Wirkungen der Isometrik gehören:

● Vermeidung vorzeitiger Alterserscheinungen, die heute bei vielen Menschen schon um die Lebensmitte beginnen und die Lebensqualität und Lebenserwartung schmälern;

● Vorbeugung mancher Herzkrankheiten, die mit Fehlern der Lebensweise in Beziehung stehen, insbesondere auch eine gewisse Infarktvorsorge (als selbständig arbeitender Muskel kann das Herz durch isometrische Übungen allerdings nicht direkt beeinflußt werden);

● Verbesserung der Sauerstoffversorgung und des Zellstoffwechsels, weil durch die Anstrengung beim Training die Durchblutung und Sauerstoffzufuhr angeregt wird; damit geht eine Hebung des Allgemeinbefindens und der Leistungsfähigkeit im körperlichen und geistig-seelischen Bereich einher; wahrscheinlich erzielt man sogar eine gewisse Krebsvorsorge, weil die Zellentartung mit dem Übergang vom normalen Sauerstoff- zum abnormen Gärungsstoffwechsel beginnt;

● Verhütung chronischer Darmträgheit und anderer Verdauungsstörungen durch Straffung der Bauchdecken, die für ungestörte Funktionen der Verdauungsorgane wichtig ist; außerdem erzielt man eine Art »Massage« des Darms von außen und fördert die Durchblutung aller Bauchorgane;

- Verhinderung von Verspannungen der Muskulatur, da isometrische Übungen entkrampfend wirken; indirekt hilft das auch bei Gelenkrheuma und anderen Schmerzzuständen, die häufig durch solche Verkrampfungen selbst unterhalten und verschlimmert werden.

Schließlich darf man nicht die Bedeutung der isometrischen Übungen für das Körperbewußtsein vergessen. Bei der Anspannung und Lockerung der Muskulatur lernt man bewußt wieder den ganzen Körper kennen und findet zurück zur Einheit von Körper, Geist und Seelenleben. Dadurch wird die Körperfeindlichkeit im abendländischen Kulturkreis, die den Verstand zu Lasten des Körpers und der Gefühle überbetont, allmählich abgebaut. Unter Umständen führt das zu einer entscheidenden Wende des Lebens.

Natürlich erreicht man das alles nicht allein durch isometrisches Training. Vielmehr ist eine ganzheitlich gesundheitsbewußte Lebensführung mit vollwertiger Ernährung*, ohne übermäßigen Streß** und mit Vermeidung aller anderen verbreiteten Fehler erforderlich. Aber das isometrische Training kann am Anfang dieser Umkehr stehen und unterstützt die anderen Maßnahmen wirksam. Es lohnt sich also, die kleine Mühe auf sich zu nehmen – und wenn man erst einmal die positiven Auswirkungen verspürt, wird man auf die täglichen Übungen bald nicht mehr verzichten wollen.

---

*   Über gesundheitsbewußte Ernährung informieren die ECON Ratgeber ETB 20003 »Biologisch kochen und backen« von Helma Danner und ETB 20026 »Das grüne Kochbuch – Handbuch der naturbelassenen Küche« von Ilse Sibylle Dörner.

**   Eine praxisbewährte Methode zur Streßbewältigung finden Sie in dem ECON Ratgeber ETB 20208 »Lebensfreude trotz Leistungsdruck – Ein Anti-Streß-Training« von Gerhard Leibold.

Isometrische Übungen für den ganzen Körper

Mit dem isometrischen Training soll der ganze Körper von Kopf bis Fuß durchgearbeitet werden, nur dann erzielt man eine ausreichende Wirkung. Dazu gibt es zahlreiche Übungen, die im Rahmen dieses Buchs nicht alle einzeln beschrieben werden können. Wir beschränken uns darauf, jeweils Beispiele anzuführen, an denen deutlich wird, worauf es bei den einzelnen Übungen ankommt. Daraus kann man dann nach persönlichen Vorlieben einige zum täglichen 90-Sekunden-Grundprogramm zusammenstellen, aber auch anhand der Beispiele selbst neue Übungen entwickeln, die besser gefallen.

Ob dieses Übungsprogramm ständig unverändert beibehalten oder ab und zu durch andere Übungen geändert und abwechslungsreicher gestaltet wird, kann jedermann selbst entscheiden. In zu kurzen Abständen sollten die einzelnen Übungen aber nicht durch andere ersetzt werden, weil man sonst unter Umständen keine ausreichende Wirkung erzielt.

Da es praktisch unmöglich ist, alle der rund 600 verschiedenen Skelettmuskeln einzeln zu trainieren, beanspruchen die meisten Übungen gleichzeitig mehrere Muskeln und ganze Muskelgruppen. Daher läßt es sich auch nicht vermeiden, daß bei dem Grundprogramm manche Muskelpartien mehrmals trainiert werden. Aber das spielt keine Rolle, solange man das Training insgesamt nicht übertreibt, eine Schädigung der funktionsfähigen

Muskulatur durch diese Mehrfachbeanspruchung ist ausgeschlossen. Lediglich ein leichter Muskelkater kann sich bei untrainierten Anfängern einstellen, der aber nicht an der Fortführung des Trainings hindert.

Die einzelnen Übungen dauern jeweils 6 Sekunden, die Anspannung der Muskulatur soll dabei möglichst noch verstärkt werden. Sie erfolgt nicht ruckartig, sondern geschmeidig, während man die Lockerung am Ende der Übung plötzlich durchführt, damit die Entspannung deutlicher wahrgenommen wird.

Das hier vorgestellte Grundprogramm absolviert man täglich 1mal – am besten ein Leben lang. Zusätzlich kann man im Tagesverlauf je nach Bedarf und Gelegenheit noch weitere Übungen durchführen, auf die wir später zurückkommen.

Gesichtsübungen

Die Übungen für die Gesichtsmuskulatur nehmen eine Sonderstellung unter den isometrischen Übungen ein, denn man kann hier an keinem unverrückbaren Widerstand ansetzen. Er wird vielmehr durch das Zusammenspiel der mimischen Muskulatur selbst gebildet.

Isometrische Gesichtsübungen dienen vor allem der Straffung und besseren Durchblutung der Haut. Dadurch erreicht man eine gute »kosmetische« Wirkung, die vorzeitiger Erschlaffung und Faltenbildung im Gesicht vorbeugt. Außerdem tragen die regelmäßigen isometrischen Übungen mit dazu bei, die mimische Ausdrucksfähigkeit zu verbessern, die vor allem für soziale Kontakte wichtig ist.

Am besten führt man die Gesichtsübungen vor dem Spiegel durch, dann kann man die richtige Ausführung gleich überwachen.

Gesichtsübung 1

Der Mund bleibt zu und verzieht sich zu einem Grinsen, das so breit wie möglich ausfallen soll. Man kann sich dabei durch die Vorstellung helfen, daß sich die Mundwinkel bis zu den Ohren ziehen.

Gesichtsübung 2

Der geschlossene Mund zieht sich so weit wie möglich zusammen, die Wangen werden dabei mit eingezogen. Dabei hilft es, wenn man sich einen intensiv sauren Geschmack vorstellt.

Gesichtsübung 3

Mund und Augen werden so weit wie möglich aufgerissen, so als wollte man vor Entsetzen gleich laut aufschreien; dabei soll die Anspannung der Gesichtsmuskulatur deutlich an der Straffung der Haut spürbar werden.

Gesichtsübung 4

Mund und Augen werden so fest wie möglich zusammengekniffen, die Augenbrauen über der Nasenwurzel zusammengezogen, so als ob sich das ganze Gesicht nach innen verkleinert.

Von diesen 4 Übungen für das Gesicht sollten täglich 2 durchgeführt werden, und zwar immer die mit entgegengesetzter Wirkung (also 1 und 2 oder 3 und 4).

Kopf-Hals-Übungen

Der Kopf wird durch die Halswirbelsäule getragen, deren oberste Wirbel anders als die übrigen geformt sind, um die freie Beweglichkeit des Kopfs zu ermöglichen. Durch das Gewicht des Kopfs, seine vielen Bewegungen und die häufigen Fehlhaltungen zum Beispiel bei der Arbeit wird die Halswirbelsäule häufig überfordert, wenn ihr die Halsmuskulatur nicht einen Teil der Belastungen abnimmt. Deshalb dienen die isometrischen Kopf-Hals-Übungen vor allem der Kräftigung dieser Muskeln zur Vorbeugung der weit verbreiteten krankhaften Veränderungen an der Halswirbelsäule und ihren Bandscheiben.

Am besten führt man die Übungen vorbeugend durch, damit es überhaupt nicht zu solchen Schäden kommt. Gut bewährt hat es sich beispielsweise, wenn man bei notwendigen Zwangshaltungen des Kopfs zwischendurch immer wieder einmal zum Ausgleich isometrisch trainiert. Bestehen bereits Veränderungen an der Halswirbelsäule und ihren Bandscheiben, muß das Training unbedingt mit dem Therapeuten besprochen werden, damit die empfindlichen Wirbel nicht noch zusätzlich Schaden nehmen.

Hilfreich sind Kopf-Hals-Übungen auch bei Kopfschmerzen, die oft mit Schäden an der Halswirbelsäule in Zusammenhang stehen, bei Ermüdung und Durchblutungsstörungen im Kopf, weil das Training die Blutzufuhr zum Kopf verbessert. Außerdem wirken die Übungen »kosmetisch«, denn die bessere Durchblutung fördert auch das Aussehen der Gesichtshaut.

Kopf-Hals-Übung 1
Auf den Rücken legen, den Kopf nach hinten beugen und den Hinterkopf fest gegen den Boden (oder ähnliche feste Unterlage) pressen. (s. Abb. 1)

Kopf-Hals-Übung 2
Auf den Bauch legen, den Kopf nach vorne beugen und die Stirn so fest wie möglich gegen den Boden (oder ähnliche Unterlage) pressen.

Kopf-Hals-Übung 3
Auf die Seite legen, den Kopf zur Seite beugen und fest gegen den Boden (oder eine ähnliche Unterlage) pressen.

Kopf-Hals-Übung 4
Die Übung 3 wird dazu auf der anderen Körperseite sinngemäß wiederholt.

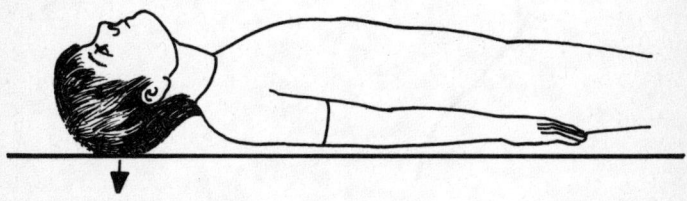

Abb. 1: Kopf-Hals-Übung 1

33

Die vorgenannten 4 Übungen können auch im Stehen oder Sitzen ausgeführt werden, wobei die Hände anstelle des Bodens den Widerstand bilden. Dadurch schlägt man gleich 2 Fliegen mit einer Klappe, weil gleichzeitig die Armmuskulatur trainiert wird.

Kopf-Hals-Übung 5

Im Stehen oder Sitzen beide Hände miteinander verschränkt auf den Hinterkopf legen; die Armmuskulatur und gleichzeitig die Nackenmuskeln anspannen, so daß der Hinterkopf kräftig gegen die Handflächen drückt; Arme und Hinterkopf bleiben dabei unbewegt, Druck und Gegendruck der Muskulatur müssen also aufeinander abgestimmt werden. (s. Abb. 2)

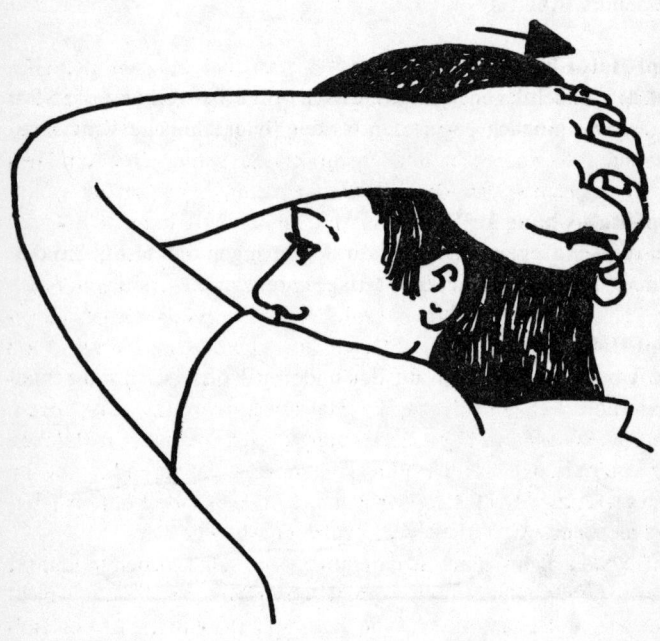

Abb. 2: Kopf-Hals-Übung 5

34

Kopf-Hals-Übung 6

Im Stehen oder Sitzen beide Hände miteinander verschränkt auf die Stirn legen; die Armmuskulatur und gleichzeitig die Nackenmuskeln anspannen, so daß die Stirn fest gegen die Handflächen drückt, ohne daß sich Arme oder Kopf bewegen.

Kopf-Hals-Übung 7

Eine Handfläche seitlich über dem Ohr gegen den Kopf legen; die Armmuskulatur und gleichzeitig die Nackenmuskeln anspannen, so daß der Kopf fest gegen die Handfläche drückt, ohne daß sich der Arm oder Kopf bewegt.

Kopf-Hals-Übung 8

Die Übung 7 auf der anderen Körperseite sinngemäß wiederholen.

Als Alternative zu den Übungen 5–8 ist es auch möglich, den Hinterkopf, die Stirn und die beiden Kopfseiten nacheinander fest gegen eine Wand zu pressen. Das empfiehlt sich vor allem dann, wenn die Armmuskeln noch nicht kräftig genug sind, um dem Druck des Kopfs ausreichend Widerstand entgegenzusetzen.

Am besten beginnen Anfänger mit einer der Übungen 1–4 und gehen dann nach Gewöhnung und Kräftigung der Muskulatur zu einer der Übungen 5–8 über. Um eine optimale Wirkung zu erzielen, können die Übungen 1–4 oder 5–8 auch gemeinsam durchgeführt werden; das empfiehlt sich vor allem dann, wenn schon Halswirbelsäulenschäden bestehen, um die Behandlung des Therapeuten durch Kräftigung der Halsmuskulatur zu unterstützen. Aber auch schon eine einzige Übung dieser Gruppe, im Rahmen des täglichen Grundprogramms regelmäßig durchgeführt und im Tagesverlauf je nach Beanspruchung der Halswirbelsäule bei Bedarf mehrmals wiederholt, wirkt zufriedenstellend.

Auf Dauer kann man Schädigungen der Halswirbel und ihrer Bandscheiben allein durch isometrische Übungen allerdings nicht verhindern. Dazu ist auch eine konsequente Korrektur der Haltung erforderlich, wie sie weiter vorne schon beschrieben wurde.

Schulter-Arm-Hand-Übungen

Die Schultern prägen das äußere Erscheinungsbild mit und gehören zu den für die Menschenkenntnis wichtigen Ausdrucksfeldern, die den ersten Eindruck mitbestimmen, den ein Mensch hinterläßt. Nicht selten trifft er verblüffend genau zu, denn die Stellung der Schultern hängt mit vom Seelenleben ab; das kommt unter anderem an dem volkstümlichen Ausspruch »die Schultern hängen lassen« zum Ausdruck. Darüber hinaus sind die Schultern für die Kraft und Beweglichkeit der Arme wichtig.

Arme und Hände kann man als die wichtigsten »Werkzeuge« des Menschen betrachten, mit denen er seinen Lebensraum gestaltet und seine Aufgaben bewältigt. Ihr isometrisches Training fördert die Kraft und Geschicklichkeit.

Die folgenden isometrischen Übungen führt man nacheinander von den Schultern bis zu den Händen durch. Dabei werden verschiedene Muskelgruppen mehrmals trainiert und deshalb besonders gut entwickelt.

Schulterübung 1

Die Arme werden leicht in den Ellbogen angewinkelt, die Handflächen rechts und links flach gegen zwei nahe beieinanderstehende Wände (zum Beispiel in einem schmalen Flur) oder die Pfosten des Türrahmens gelegt; gegen diesen unverrückbaren Widerstand stemmt man sich mit beiden Armen kräftig. (s. Abb. 3)

Schulterübung 2

Dazu stellt man sich auf einen Tisch oder Schemel, damit die Handflächen bei leicht angewinkelten Armen flach gegen die Decke oder den oberen Türrahmen gelegt werden können; dann stemmt man sich mit aller Kraft gegen diesen Widerstand.

Wenn man sich bei dieser Übung auf die Zehenspitzen stellt, wird die Wirkung gleich noch auf die Bein-Fuß-Muskulatur ausgedehnt.

Die Übungen für die Schultern beeinflussen auch schon einen Teil der Armmuskulatur. Zusätzlich sollen für die Arme aber noch spezielle Übungen absolviert werden, die zugleich auch die Hände kräftigen (die Kraft der Hände hängt ohnehin hauptsächlich von der Armmuskulatur ab).

Arm-Hand-Übung 1
Die Arme werden nach vorne ausgestreckt, die Finger gespreizt und leicht gekrümmt; zwischen die Finger nimmt man einen fe-

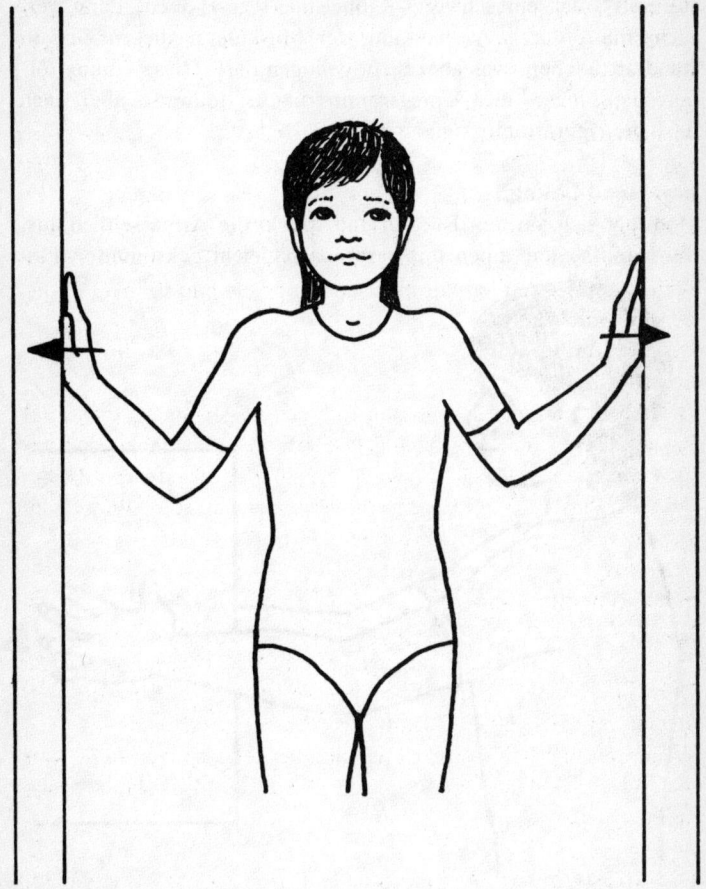

Abb. 3: Schulterübung 1

sten Gegenstand und drückt von beiden Seiten gleichzeitig mit den Fingern dagegen, wobei sich der Gegenstand und die Arme nicht bewegen. (s. Abb. 4)

Arm-Hand-Übung 2

Beide Hände werden mit gespreizten, leicht gekrümmten Fingern unter einen unverrückbaren Widerstand (zum Beispiel das Fensterbrett oder ein schweres Möbelstück) geschoben; dann versucht man, durch Anspannung der Muskulatur diesen Gegenstand anzuheben, was aber nicht gelingen darf. Diese Übung fördert die Finger- und Unterarmmuskulatur, teilweise aber auch noch die Oberarmmuskeln.

Arm-Hand-Übung 3

Man legt sich auf den Rücken und streckt die Arme seitlich aus, die Handflächen ruhen mit gespreizten, leicht gekrümmten Fin-

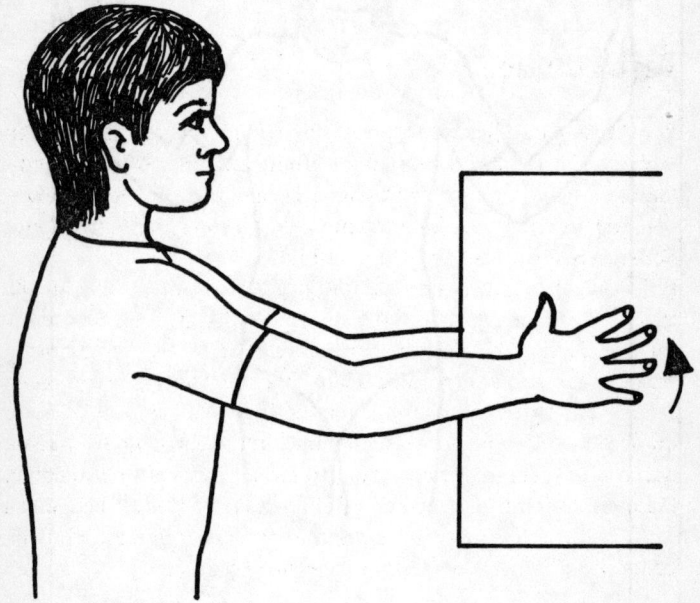

Abb. 4: Arm-Hand-Übung 1

gern auf der festen Unterlage, gegen die man mit aller Kraft nach unten drückt.

Arm-Hand-Übung 4
Eine der einfachsten Übungen des isometrischen Trainings, die aber gut auf die Arm-Hand-Muskulatur wirkt; man streckt dazu die Arme in Brusthöhe nach vorne, winkelt sie in den Ellbogen an und führt die Handflächen flach zusammen; durch Anspannung der Armmuskeln werden die Handflächen kräftig gegeneinander gepreßt.

Arm-Hand-Übung 5
Sie entspricht im Prinzip der Übung 4, der Unterschied besteht darin, daß man nicht die Handflächen gegeneinander legt, sondern die Finger spreizt, leicht krümmt und zusammenführt; so werden zusätzlich die Fingermuskeln gut trainiert.

Brustübungen

Die Muskulatur des Brustkorbs spielt eine wichtige Rolle beim Atmen. Durch ihre Kräftigung vertieft sich die Atmung, unter anderem eine bewährte Vorbeugung gegen die häufigen Infektionen der Atemwege. Außerdem verbessert ein gut entwickelter Brustkorb das äußere Erscheinungsbild.

Bei Frauen kommt hinzu, daß die trainierte Brustmuskulatur die Brüste beeinflußt. Größere Brüste wirken dadurch wieder straffer und ihr Gewicht belastet die Wirbelsäule nicht mehr so ungünstig, weil die Brustmuskeln ihnen Halt geben. Kleine Brüste können durch isometrische Brustübungen optisch »vergrößert« werden, da der Muskelumfang etwas zunimmt; unter Umständen wird dadurch eine »Vergrößerung« der Brüste um bis zu 8 cm möglich. Da die Brüste für das seelische Befinden vieler Frauen bedeutsam sind, wird durch das isometrische Brusttraining indirekt die Selbstsicherheit und das Verhalten positiv verändert.

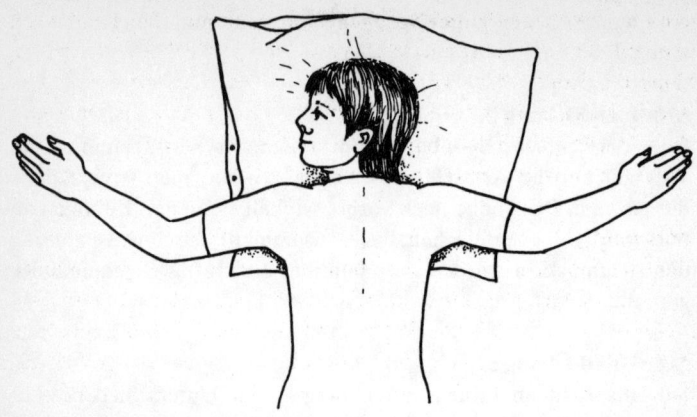

Abb. 5: Brustübung 1

Brustübung 1
In Bauchlage beide Arme seitlich ausstrecken, die Handflächen
ruhen nach unten gekehrt auf der festen Unterlage; mit aller Kraft
preßt man beide Handflächen nun gegen die Unterlage, so als
wollte man sich mit ihrer Unterstützung erheben. Dadurch werden neben den Brustmuskeln auch noch die Hand- und Armmuskeln gekräftigt. (s. Abb. 5)

Brustübung 2
Stärker und schneller wirkt das Training der Brustmuskulatur
nach folgender Übung, die im Stehen an einer Wand durchgeführt
wird. Dazu stellt man sich mit dem Gesicht ganz nahe zur Wand,
streckt die Arme seitlich aus und winkelt sie so an, daß die Handflächen vor den Schultern flach an der Wand liegen; mit beiden
Händen preßt man gleichzeitig gegen die Wand, wobei neben der
Brustmuskulatur auch noch die Armmuskeln trainiert werden.

Speziell zur Formung und Straffung der Brüste gibt es für Frauen
noch die folgenden Brustübungen.

Brustübung 3
Man benötigt dazu einen festen, nicht zu schweren Gegenstand,

den man zwischen die beiden Handflächen nimmt; die Arme werden mit dem Gegenstand nach vorne ausgestreckt, zunächst in Höhe des Kopfs, dann vor der Brust und zum Abschluß vor den Bauch; in jeder dieser 3 Armstellungen preßt man beide Handflächen kräftig je 6 Sekunden gegen die beiden Seiten des Gegenstands, so als wollte man ihn zusammendrücken. (s. Abb. 6)

Brustübung 4
Sie wird sinngemäß wie die Übung 3 durchgeführt, nur nimmt man dazu keinen Gegenstand zwischen die Handflächen, sondern preßt sie direkt in Kopf-, Brust- und Bauchhöhe je 6 Sekunden lang kräftig gegeneinander. Die Wirkung fällt etwas schwächer als bei Übung 3 aus.

Brustübung 5
Dazu streckt man beide Arme nach hinten und nimmt in Höhe der

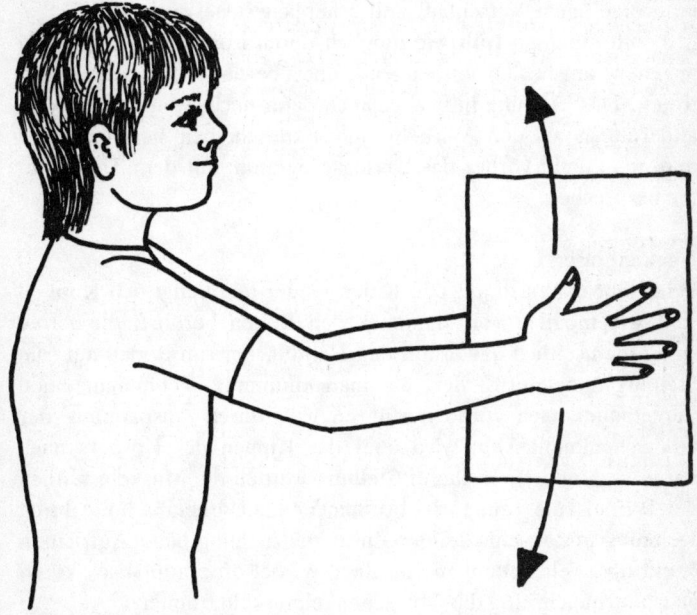

Abb. 6: Brustübung 3

41

Hüften einen Gegenstand (wie bei Übung 3) zwischen die Hand-flächen, gegen den man kräftig preßt; der Rücken bleibt dabei gerade aufgerichtet, der Brustkorb wird leicht vorgewölbt.

Die Brustübungen 1 und 2 eignen sich für beide Geschlechter, die Übungen 3 – 5 sind speziell für Frauen gedacht, können aber auch von Männern zur Kräftigung der Brustmuskeln durchgeführt werden, wenn ihnen die ersten beiden Übungen nicht gefallen.

Rückenübungen

Die Halswirbelsäule wird zwar am häufigsten von krankhaften Veränderungen betroffen, aber auch andere Abschnitte der Wirbelsäule (vor allem die 5 Lendenwirbel) reagieren auf Erschlaffung der Rückenmuskulatur, Fehl- und Zwangshaltungen bald mit vorzeitigem Verschleiß und erheblichen Beschwerden. Dagegen sollte man so früh wie möglich durch isometrisches Training angehen, am besten vorbeugend, ehe überhaupt Schmerzen auftreten. Das Training hilft aber auch dann noch, wenn schon Veränderungen an den Wirbeln und Bandscheiben bestehen, nur muß man dann vorher das Übungsprogramm mit dem Therapeuten besprechen.

Rückenübung 1
Dazu läßt man sich auf den Knien nieder und beugt den Kopf so weit wie möglich vor, damit er den Boden berührt; die Arme stützt man seitlich davon mit den Handflächen am Boden auf (die Stellung ähnelt etwa der, die man einnimmt, wenn man einen Purzelbaum nach vorne ausführen will, durch Anspannung der Oberschenkelmuskeln wird aber das Kippen des Körpers nach vorne verhindert). In dieser Stellung werden die Muskeln seitlich der Wirbelsäule vom Hals- bis zum Lendenwirbelabschnitt durch Dehnung mit anschließender Zusammenziehung beim Aufrichten gekräftigt, Fehlstellungen einzelner Wirbel oft automatisch korrigiert und gleichzeitig die Oberschenkelmuskeln trainiert.
Anfangs kann es bei dieser Übung zu unangenehmer Spannung

der verkümmerten und oft chronisch verspannten Rückenmuskulatur kommen, die aber unbedenklich ist und mit zunehmender Übung bald ausbleibt. Bei stärkeren Schmerzen konsultiert man vor weiteren Übungen aber vorsorglich den Therapeuten, der bei Bedarf eine Änderung des Trainings verordnen wird.

Rückenübung 2

Sie wirkt ähnlich wie Übung 1, wird aber in Rückenlage durchgeführt. Man hebt dazu beide Beine an und winkelt sie im Kniegelenk ab; die Knie sollen so nah zur Brust kommen, daß man unterhalb davon die Unterschenkel mit beiden Händen umfassen kann; die Knie werden dann gegen die Hände gepreßt, so als wollte man die Beine nach vorne ausstrecken. Diese dürfen sich aber nicht bewegen, sondern werden von den Händen festgehalten. (s. Abb. 7)

Rückenübung 3

Mit dieser Übung trainiert man vor allem die Muskeln im Kreuz und gleichzeitig die Oberschenkel- und Gesäßmuskulatur. Man legt sich dazu flach auf den Bauch, streckt die Arme seitlich aus und winkelt sie in den Ellbogen an; die Handflächen ruhen vor den Schultern auf der festen Unterlage; die Beine werden weit gespreizt und in den Knien angewinkelt (etwa so wie bei den Beinbewegungen beim Brustschwimmen), die Füße stemmen sich mit den Innenseiten fest gegen den Boden. Dann hebt man das Gesäß

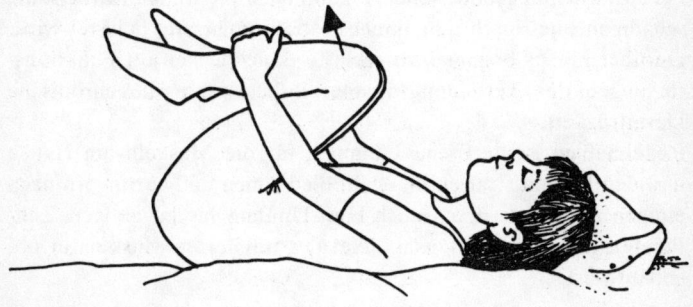

Abb. 7: Rückenübung 2

und die Beine für 6 Sekunden vom Boden ab, so daß der Unterkörper sich von den Füßen bis zum Bauch frei in der Luft befindet,
während die auf dem Boden liegende Brust und die Füße kräftigen Widerstand bieten.

Auch bei dieser Übung können Spannungen und andere Mißemp-
findungen auftreten, die aber gewöhnlich bald von selbst ausblei-
ben; andernfalls bespricht man das weitere Training mit dem
Fachmann.

Zur wirksamen Vorbeugung und ergänzenden Behandlung von
Beschwerden an der Wirbelsäule führt man regelmäßig die Übung
1 oder 2 und zusätzlich speziell für die Lendenwirbelsäule die
Übung 3 durch. Die Wirkung tritt meist bald ein und kann wenig-
stens verhindern, daß bestehende krankhafte Veränderungen an
Wirbeln und Bandscheiben rasch weiter fortschreiten, außerdem
erreicht man allein dadurch schon eine deutliche Linderung der
Beschwerden und verbessert die Haltung. Die speziellen Übungen für die Halswirbelsäule wurden bei den Kopf-Hals-Übungen schon vorgestellt.

Bauch-Hüft-Übungen

Bauch und Hüften gelten als besondere Problemzonen, denn hier
wird oft viel Speicherfett eingelagert. Das stört nicht nur das äußere Erscheinungsbild, sondern kann auch die Lendenwirbelsäule
schädigen, die durch den Bauch statisch ungünstig belastet wird.
Darüber hinaus begünstigen schlaffe Bauchdecken oft Funktions-
störungen der Verdauungsorgane, insbesondere die chronische
Darmträgheit.

Regelmäßige isometrische Übungen für die Muskeln am Bauch
und den Hüften straffen diese Problemzonen und verringern nach
einiger Zeit auch den Bauch-Hüft-Umfang bis zu einigen Zen-
timetern, weil der Fettansatz über der trainierten Muskulatur abgebaut wird.

Bauchübung 1

Diese Übung ist sehr einfach und kann im Stehen oder Sitzen überall unauffällig zwischendurch einmal zur Straffung der Bauchdek-
ken durchgeführt werden, außerdem regt sie die regelmäßige
Stuhlentleerung an.

Zur Grundübung legt man sich flach auf den Rücken, stellt die
Knie hoch, atmet tief aus und zieht dabei den Bauch für 6 Sekunden ein (ausnahmsweise kann bei dieser Übung nicht weiter geatmet werden); gleichzeitig preßt man den unteren Rücken und
das Gesäß fest gegen die Unterlage.

Zur Anregung der Verdauung führt man diese Grundübung täglich morgens gleich nach dem Erwachen durch.

Im Tagesverlauf kann die Übung dann im Sitzen oder Stehen zur
Straffung der Bauchmuskulatur und zum Abbau von Fettan-
sammlungen wie folgt absolviert werden:

● Auf einem Stuhl mit Rückenlehne nach hinten rücken, bis der
  untere Rücken fest an der Lehne liegt; dann ausatmen, den
  Bauch für 6 Sekunden einziehen und gleichzeitig den Rücken
  fest gegen die Lehne pressen.

● Aufrecht mit dem Rücken gegen eine Wand stellen, den oberen Teil des Rückens leicht nach vorne beugen, das Gesäß und
  den unteren Rücken an die Wand legen; dann ausatmen, den
  Bauch für 6 Sekunden einziehen und gleichzeitig das Gesäß
  und den unteren Rücken fest gegen die Wand pressen.

So einfach diese Übung auch erscheinen mag, sie wirkt bei regel-
mäßiger Durchführung doch schon bald erstaunlich gut. Indirekt
wird dadurch auch die tiefe, ruhige Atmung in den Bauch gefördert, die neben der verbesserten Sauerstoffversorgung des ganzen
Körpers auch zur Kreislaufanregung und allgemeinen Beruhigung
führt.

Bauchübung 2

Diese Übung strengt mehr als die obige an und wird am besten
erst dann durchgeführt, wenn man sich vorher lange genug durch
Übung 1 vorbereitet hat. Man legt sich dazu flach auf den Rücken
und schiebt die Füße unter einen schweren Schrank oder einen
anderen Gegenstand, der unverrückbaren Widerstand bietet.

Dann streckt man die Arme seitlich aus und hebt unter Anspannung der Bauchmuskulatur den Oberkörper halb an; in dieser Stellung bleibt man 6 Sekunden lang unbeweglich und legt sich dann langsam wieder auf den Boden.

Hüftübung 1
Man legt sich dazu auf eine Körperseite, streckt beide Arme nach vorne aus und legt den Kopf auf den unteren Arm; das untere Bein wird im Kniegelenk leicht angewinkelt, so daß der Körper stabil in dieser Seitenlage ruht. Das obere Bein bleibt ausgestreckt und wird unter Anspannung der Hüftmuskulatur so weit wie möglich nach oben gehoben (gegrätscht); diese Stellung hält man 6 Sekunden ein, dann führt man das Bein langsam in die Ausgangsstellung zurück. (s. Abb. 8)

Hüftübung 2
Sie wird wie die Hüftübung 1, aber sinngemäß auf der anderen Körperseite durchgeführt.

Bauch-Hüft-Übungen eignen sich auch gut zur Ergänzung einer Schlankheitskur, bei der man erfahrungsgemäß oft überall anders, nur nicht an diesen Problemzonen abnimmt. Erst durch die

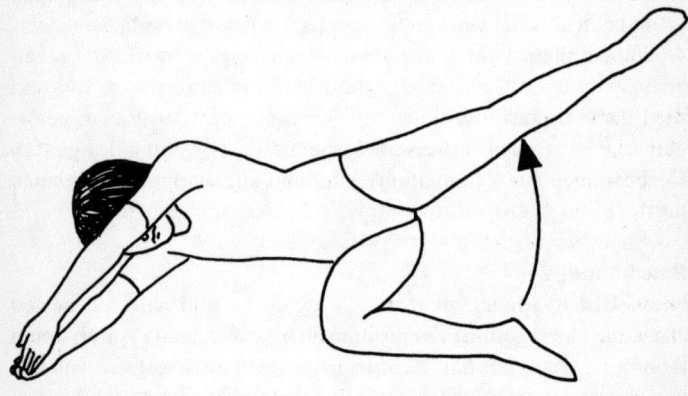

Abb. 8: Hüftübung 1

46

isometrischen Übungen wird ein gezielter Fettabbau mit Straffung des Gewebes möglich.

Bein-Fuß-Übungen

Die Beine und Füße übertragen das gesamte Körpergewicht auf den Boden. Dadurch werden sie besonders stark belastet und benötigen deshalb regelmäßiges Training durch isometrische Übungen. Sie kräftigen die Muskulatur, harmonisieren die Bewegungen, verbessern die Körperhaltung insgesamt und fördern die Durchblutung in den Venen, so daß Krampfadern und ihre Komplikationen verhindert oder ergänzend erfolgreicher behandelt werden können. Nicht zuletzt sorgen die Übungen im übertragenen Sinn auch dafür, daß man »mit beiden Beinen fest im Leben steht« und »auf dem Boden der Tatsachen bleibt«. Sie wirken sich dadurch auch günstig auf das Seelenleben aus; diese Tatsache nützen auch die neuen Körperpsychotherapien durch verschiedene Bein-Fuß-Übungen, die den Körper wieder »erden« sollen.

Zum Teil werden die Bein- und Fußmuskeln schon beim Training anderer Körperteile geübt, so daß man mit dem speziellen Bein-Fuß-Training eine zusätzliche Wirkung erzielt. Dieses erweiterte Training ist aber gerade für die kräftige Beinmuskulatur unbedenklich und wegen der beschleunigt und verstärkt einsetzenden Wirkung sogar erwünscht.

Bein-Fuß-Übung 1
Man legt sich auf den Rücken und hebt die Knie so weit an, daß die Fersen fest auf dem Boden stehen und die Fußspitzen nach oben weisen; dann stemmt man die Fersen kräftig gegen die Unterlage, ohne das Gesäß vom Boden abzuheben.

Bein-Fuß-Übung 2
Dazu legt man sich auf den Rücken, spreizt die ausgestreckten Beine und sucht mit den Füßen rechts und links einen festen Halt (je nachdem, wo man trainiert, kann der unverrückbare Widerstand zum Beispiel durch die beiden unteren Bettpfosten oder

durch ein Möbelstück, an dessen beide Seiten man die Innenflächen der Füße legt, gebildet werden); dann spannt man die Oberschenkelmuskulatur kräftig an, so als wollte man die Füße gegen den Widerstand zusammenführen.

Bein-Fuß-Übung 3
In Rückenlage streckt man die Beine aus und überkreuzt sie bei den Fußgelenken; dann versucht man, die Beine zu spreizen, wobei der Muskelzug des einen Beins durch den Gegenzug des anderen so ausgeglichen werden muß, daß die Beine unbeweglich liegen bleiben.

Bein-Fuß-Übung 4
Man stellt sich aufrecht zwischen zwei nahe beieinander befindliche Wände (zum Beispiel in einen engen Flur) oder zwischen den Türrahmen; der Rücken wird fest angelehnt, die Handflächen liegen flach an der gegenüberliegenden Wand oder dem anderen Türrahmen; dann hebt man ein Bein etwa halb hoch, so daß der vordere Teil des Fußes gegen die andere Wand oder den anderen Türrahmen drückt, während der hintere Teil der Fußsohle und die Ferse sich frei in der Luft befinden; durch kräftige Anspannung der Beinmuskeln preßt man den Vorderfuß fest gegen die Wand oder den Türrahmen, so als wollte man den Widerstand mit dem Fuß wegschieben. (s. Abb. 9)

Bein-Fuß-Übung 5
Die Übung 4 wird sinngemäß mit dem anderen Bein wiederholt.

Bein-Fuß-Übung 6
Die Beine werden im Sitzen oder Liegen ausgestreckt; dann legt man das Fußgewölbe des einen Fußes auf den vorderen Teil des anderen; der untere Fuß drückt kräftig nach oben, das Fußgewölbe übt entsprechenden Gegendruck aus, so daß die Füße unbewegt bleiben.

Bein-Fuß-Übung 7
Sie wird sinngemäß wie Übung 6 ausgeführt, wobei die beiden Füße aber umgekehrt aufeinandergelegt werden.

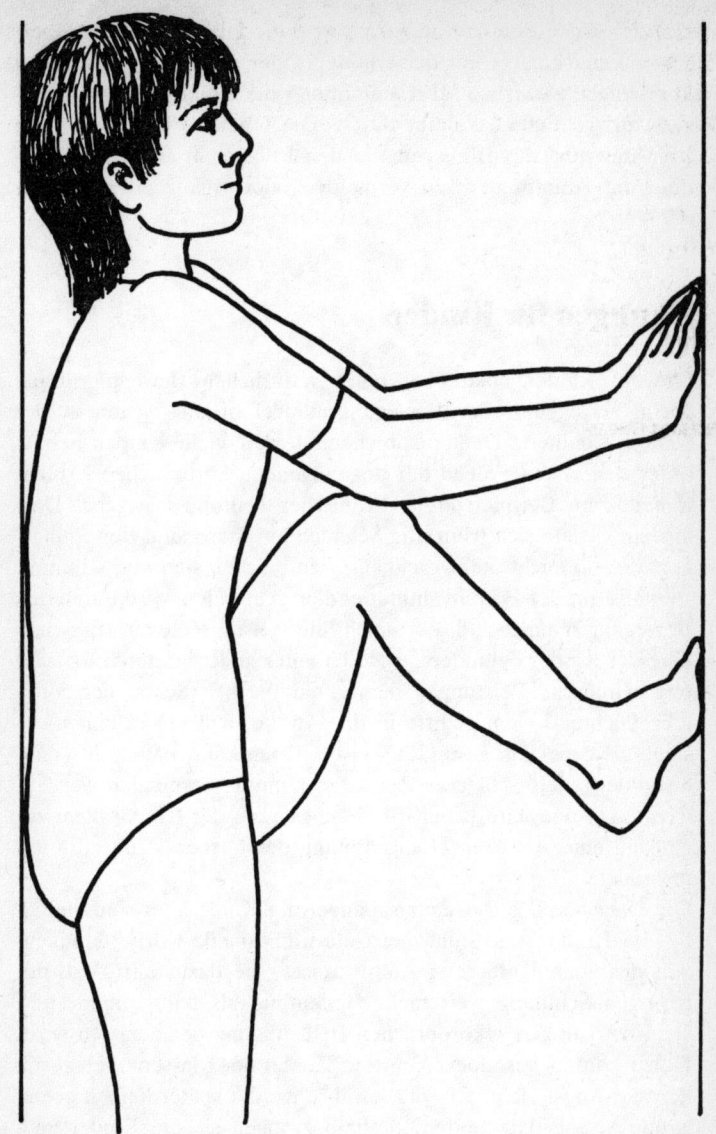

Abb. 9: Bein-Fuß-Übung 4

Um das ganze Bein zu trainieren, wird die Übung 2 für die Oberschenkelmuskulatur mit der Übung 1 oder den Übungen 4 und 5 kombiniert; zusätzlich führt man immer die Übungen 6 und 7 speziell für die Fußmuskulatur durch. Die Übung 3 kann zusätzlich zur Anregung des Blutstroms in den Beinvenen ausgeführt werden, um Krampfadern zu vermeiden oder ergänzend zu behandeln.

Übungen für Kinder

Obwohl Kinder noch über einen natürlichen Bewegungsdrang verfügen, beginnt der Bewegungsmangel oftmals schon in der frühen Kindheit. Dementsprechend leiden viele Kinder bereits unter den ersten Folgen der ungenügenden körperlichen Ertüchtigung, zum Beispiel unter chronischer Haltungsschwäche. Daraus entwickeln sich frühzeitig Schäden am Stütz- und Bewegungsapparat, die nicht mehr rückgängig zu machen sind und schlimmstenfalls mit der Frühinvalidität enden. Außerdem wird durch den Bewegungsmangel indirekt auch die geistig-seelische Entwicklung der Kinder behindert, was sich unter anderem durch schlechtere schulische Leistungen bemerkbar macht. (Schon der römische Dichter Juvenal lehrte in der Antike, daß nur in einem gesunden Körper ein gesunder Geist wohnen kann.) Viele Nachhilfestunden, viele schlechte Zensuren könnten vermieden werden, wenn man den natürlichen Bewegungsdrang der Kinder nicht zugunsten einer falschen Überbetonung des Lernens frühzeitig unterdrückte.

Die Ursachen des Bewegungsmangels im Kindesalter sind vielfältig. Im Hintergrund steht meist die traditionelle Körperfeindlichkeit des abendländischen Kulturkreises, die dazu führt, daß der geistigen Schulung weit mehr Bedeutung als der – mindestens ebenso wichtigen – körperlichen Ertüchtigung beigemessen wird. Hinzu kommt besonders heute in Zeiten der Massenarbeitslosigkeit die Angst vieler Eltern, daß ihre Kinder später keinen geeigneten Arbeitsplatz finden; deshalb zwingen sie die Kinder zum viel zu langen Lernen zu Lasten von Spiel und Sport an der frischen Luft. Im Grunde bringt das aber wenig, denn die Konzentrations- und Lernfähigkeit wird durch den Bewegungsmangel erheblich eingeschränkt. Schließlich trägt auch die Schule selbst noch Schuld an der Bewegungsmisere, denn der Sportunterricht wird oft immer noch als nebensächlich betrachtet und beträgt allenfalls 2 – 3 Stunden pro Woche – wenn er nicht überhaupt häufiger ausfällt oder die Zeit zum Auffüllen von Wissenslücken in anderen Fächern mißbraucht wird.

Natürlich könnten die Kinder später immer noch damit beginnen, wieder regelmäßig Gymnastik und Sport zu betreiben, wenn sie die Schulzeit ohne Schädigungen überstanden haben, die ihre Beweglichkeit aber schon eingeschränkt hat. Die praktische Erfahrung lehrt aber, daß der Bewegungsmangel in der Jugend und im Erwachsenenalter eher noch zunimmt; auch hier gilt nämlich der Spruch, daß »Hans nicht mehr lernt, was Hänschen nicht gelernt hat«. Wenn man also nicht von Kindesbeinen an daran gewöhnt ist, den Körper zu schulen, ist die Wahrscheinlichkeit groß, daß man sich auch später trotz besserer Einsicht nicht mehr dazu durchringen kann.

Isometrisches Training für Kinder soll das übrige Training durch Gymnastik und Sport nicht ersetzen, sondern sinnvoll ergänzen. Neben der Steigerung der Muskelkraft, die bald die Leistungsfähigkeit bei den anderen Trainingsformen verbessert und vor Verletzungen schützt, ist insbesondere die bessere Koordination der Bewegungen hervorzuheben, im Kindesalter eine wichtige Wirkung der isometrischen Übungen, weil die Bewegungen noch nicht alle so selbstverständlich wie beim Erwachsenen ablaufen. Außerdem können die Übungen beim Lernen zwischendurch eingeschoben werden, um die Konzentration und Aufnahmefähigkeit zu erhöhen und Ermüdungserscheinungen rasch zu beseitigen. In der Schule eignen sich dazu die Pausen, bei den Hausaufgaben wird immer dann eine kurze Übungsserie durchgeführt, wenn die Konzentration und Aufmerksamkeit nachläßt.

Zur Not genügt das regelmäßige isometrische Training sogar allein zur Körperschulung bei Kindern, wenn sie aus irgendeinem Grund nicht zusätzlich Gymnastik und Sport betreiben können. Sogar für behinderte Kinder sind viele der Übungen nach Rücksprache mit dem Therapeuten erlaubt und können zur Besserung oder sogar Beseitigung der Behinderung beitragen.

Grundsätzlich kommen für Kinder alle Übungen in Frage, die in den vorangegangenen Kapiteln für das Körpertraining von Kopf bis Fuß beschrieben wurden. Ideal wäre es, dieses Grundprogramm täglich in den Unterrichtsplan einzubauen; aber obwohl das nur wenig Zeit in Anspruch nimmt, besteht darauf vorläufig keine Aussicht. Vielleicht lassen sich einzelne Lehrer aber doch davon überzeugen, wenn nur genügend Eltern darauf drängen. Andernfalls wird das Grundprogramm regelmäßig zu Hause absolviert; dabei kann es sinnvoll sein, einen Teil der Übungen morgens vor dem Schulbesuch durchzuführen, den Rest nach der Schule zum Ausgleich der Fehlbelastungen durch das stundenlange Sitzen in der Klasse.

Hinzu kommen spezielle Übungen, die zwischendurch in kurzen Lernpausen zur Entspannung, Entlastung der Wirbelsäule und zur Verbesserung der Konzentration, Aufmerksamkeit und Lernfähigkeit absolviert werden sollen. Es ist erstaunlich, wie rasch solche Übungen die Leistungsfähigkeit des Kindes wieder verbessern und den Lernstreß zum Vergnügen machen.

Die folgenden Übungen eignen sich erfahrungsgemäß besonders gut als Einschub in Lernpausen.

Kopf-Hals-Übung

Diese 4teilige Übung fördert die Durchblutung im Kopf, beugt Schädigungen der Halswirbelsäule durch Zwangshaltungen des Kopfs und Verspannungen der Hals-Schulter-Muskulatur beim Lernen vor.

- Aufrecht an eine Wand stellen, den Hinterkopf dagegen legen und durch Anspannung der Hals-Nacken-Muskeln kräftig für 6 Sekunden dagegen pressen;
- dann umdrehen, die Stirn gegen die Wand legen und durch Anspannung der Hals-Nacken-Muskeln kräftig für 6 Sekunden dagegen pressen;
- zur Seite drehen und die eine Seite des Kopfs gegen die Wand legen, dann durch Anspannung der Hals-Nacken-Muskeln kräftig für 6 Sekunden dagegen pressen;

- auf die andere Seite drehen und die Übung sinngemäß wiederholen.

Schulter-Arm-Hand-Übung

Die 3teilige Übung eignet sich vor allem zur Entspannung der Hand, mit der geschrieben wird; man führt sie aber stets mit beiden Armen gleichzeitig durch, damit man auch Verspannungen der Schultermuskulatur durch Zwangshaltungen beseitigen und die Durchblutung anregen kann.

- Mit gerader Wirbelsäule aufrecht auf dem Stuhl sitzen, ohne sich anzulehnen, mit den Händen seitlich unter den Stuhlsitz fassen und die Muskulatur so anspannen, als wollte man den Sitz hochheben;
- anschließend die Finger beider Hände spreizen und leicht krümmen und kräftig von oben gegen die Tischplatte drücken;
- zum Abschluß die Finger beider Hände spreizen, leicht krümmen, unter die Tischplatte schieben und kräftig so dagegen drücken, als wollte man den Tisch anheben.

Rückenübung

Sie gleicht die Fehl- und Zwangshaltungen bei längerem Sitzen am Schreibtisch oder Schulpult aus, beugt also Wirbel-Bandscheibenschäden vor, entkrampft die Muskulatur, fördert die Blutzufuhr zum Kopf und die Leistungsfähigkeit.

- Auf den Bauch legen, die Arme seitlich vom Körper nach hinten ausstrecken und die Füße unter einen schweren Schrank oder einen anderen unverrückbaren Widerstand schieben; Kopf und Brust für 6 Sekunden halb anheben und gleichzeitig

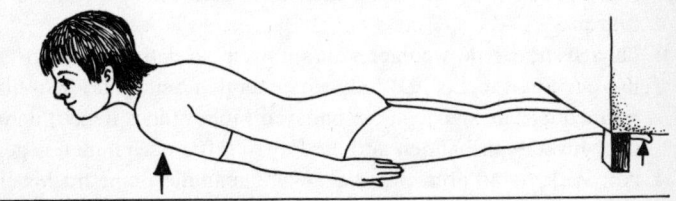

Abb. 10: Rückenübung für Kinder

53

mit den Füßen nach oben gegen den Gegenstand drücken, so als wollte man ihn anheben. (s. Abb. 10)

Bauchübung

Dadurch verhindert man den Fettansatz am Bauch durch häufiges Sitzen in der Schule und zu Hause bei den Schularbeiten, beugt der Erschlaffung der Bauchdecken und chronischer Darmträgheit vor; außerdem wird allmählich die Atmung vertieft, so daß der Körper wieder mehr Sauerstoff erhält und die geistige Leistungsfähigkeit sich bessert.

● Auf einem Stuhl mit Rückenlehne ganz nach hinten rücken oder aufrecht an eine Wand stellen, damit Rücken und Gesäß die Lehne oder Wand berühren; dann tief ausatmen und den Bauch so weit wie möglich nach innen ziehen, dabei gleichzeitig Gesäß und Rücken fest gegen die Lehne oder Wand pressen; während der 6 Sekunden, die man den Bauch einzieht, kann nicht geatmet werden.

Bein-Fuß-Übung

Die 4teilige Übung beseitigt Blutstauungen, die bei längerem Sitzen auftreten, und kräftigt die Bein-Fuß-Muskulatur, wodurch Schäden vor allem am Fußgewölbe vorgebeugt wird, die schon im Kindesalter beginnen können.

● Die Beine weit spreizen, damit die Innenflächen der Füße rechts und links außen an den Seiten des Schreibtischs liegen (wenn der Tisch zu breit ist, übt man sinngemäß mit einem schmalen Schrank, Stuhl oder ähnlichen geeigneten Einrichtungsgegenstand); kräftig von beiden Seiten gegen den Widerstand pressen, so als wollte man die Beine wieder zusammenführen;

● danach die Beine weniger weit spreizen, so daß die Außenseiten der Füße rechts und links innen an den Seiten des Schreibtischs oder eines geeigneten anderen Möbelstücks liegen; dann die Muskeln anspannen und die Füße kräftig nach außen gegen den Widerstand pressen, so als wollte man die Beine noch weiter spreizen;

● die Füße in den Gelenken überkreuzen und den vorderen Teil der einen Fußsohle auf den Rücken des anderen Fußes legen; der untere Fuß preßt kräftig mit dem Rücken nach oben gegen die Sohle des anderen Fußes, der entsprechenden Gegendruck ausübt, damit die Füße unbeweglich bleiben;

● die Stellung der Füße wechseln und sinngemäß in der gleichen Weise nochmals üben.

Mit der wachsenden Kraft und Geschicklichkeit, die durch regelmäßige isometrische Übungen bald spürbar werden, erwacht in vielen Kindern auch wieder das Bedürfnis, darüber hinaus Gymnastik und Sport zu treiben. Dieser Wunsch sollte von den Eltern unterstützt werden, auch wenn sie befürchten, daß dadurch zu viel Zeit zum Lernen verlorengeht. Diese Zeit ist nicht verloren, sondern trägt dazu bei, das geistige Leistungsvermögen wieder zu verbessern. Nicht zuletzt fördert die Erfahrung der Körperbeherrschung und körperlichen Leistungsfähigkeit bei den Kindern das Selbstvertrauen und positive Körperbewußtsein, beides wichtige Voraussetzungen für ihre ungestörte Entwicklung.

Kinder können sehr kritisch sein, das werden wohl alle Eltern aus eigener, manchmal »leidvoller« Erfahrung bestätigen. Deshalb fällt es schwer, sie zu regelmäßigem isometrischem Training zu motivieren, wenn die Eltern nichts dergleichen tun. Ausreden wie »das ist nur für Kinder gut« oder »das mußt du tun, weil du noch im Wachsen bist«, halten der Kritik nicht lange stand und führen oft dazu, daß die Kinder später wieder daran denken und auf die Übungen verzichten, weil sie als Erwachsene ja nicht mehr trainieren müssen.

Daher empfiehlt es sich, daß auch die Eltern sich zum isometrischen Training entschließen und gemeinsam mit ihren Kindern regelmäßig zum Beispiel morgens oder abends üben. Dann können sie den Kindern die Übungen nach diesem Buch demonstrieren, vielleicht auch zusammen mit ihnen andere Übungen entwickeln, die richtige Durchführung überwachen und insbesondere auch selbst etwas für ihre Gesundheit tun. Das gemeinsame Training fördert auch positive soziale Beziehungen in der Familie und soll allen Beteiligten Spaß machen. Nach einigen gemeinsamen Trainingserfahrungen fällt es den Eltern dann meist auch nicht

nicht mehr schwer, zusätzlich zusammen mit ihren Kindern Gymnastik und Sport zur Abrundung des isometrischen Trainings durchzuführen, eine gesunde Freizeitbeschäftigung für die ganze Familie, die allen Beteiligten zu einem gesünderen Leben in Einklang mit ihren natürlichen körperlichen Bedürfnissen verhilft.

Übungen für Kranke und Behinderte

Isometrische Übungen erfordern zwar auch Kraft, aber sie strengen viel weniger an als das übliche Bewegungstraining durch Gymnastik und Sport. Grundsätzlich eignen sie sich deshalb auch für dauernd bettlägrige, schwer kranke, sehr alte oder aus anderen Gründen stärker geschwächte Menschen, die auf andere Weise nicht mehr üben können. Die isometrischen Übungen beugen in solchen Fällen dem Muskelschwund und bis zu einem gewissen Grad auch der als Folge des Bewegungsmangels drohenden Knochenentkalkung vor, stabilisieren die Herz-Kreislauf-Funktionen, fördern die Heilung und beugen Komplikationen im Krankheitsverlauf vor.

In eigener Verantwortung dürfen die Betroffenen das isometrische Training allerdings nicht durchführen, weil sich nicht alle Übungen eignen. Nur der Therapeut kann beurteilen, welche Übungen ohne Risiko durchgeführt werden können. Anfangs kommen meist nur einfache Übungen kleinerer Körpergebiete mit geringer Anstrengung in Frage, nach Besserung des Leistungsvermögens dann auch ein etwas umfangreicheres Trainingsprogramm, bis schließlich die Leistungsfähigkeit so gut wie möglich wiederhergestellt ist.

Nur in seltenen Ausnahmefällen muß auf isometrisches Training verzichtet werden, wenn der Therapeut das ausdrücklich empfiehlt.

Auch nach Operationen sollte so bald wie möglich mit isometrischen Übungen begonnen werden, um dem Muskelschwund, Thrombosen und Embolien vorzubeugen. Natürlich müssen dabei Einschränkungen beachtet werden, denn man kann beispielsweise nach einer Bauchoperation zunächst noch keine Bauchübungen durchführen. Aber es spricht grundsätzlich nichts dagegen, wenn man Muskelgruppen in einiger Entfernung von der Operationswunde regelmäßig stärkt. Auch hier bleibt die Entscheidung aber wieder dem Therapeuten vorbehalten.

Obwohl der »Halbgott in Weiß« heute viel an Prestige verloren hat, gibt es immer noch genug Patienten, die sich kaum trauen, ihrem Arzt Fragen zu stellen oder gar eine zusätzliche Behandlung zum Beispiel durch Isometrik vorzuschlagen. Diese Scheu ist unberechtigt, jeder vernünftige Therapeut wird es begrüßen, wenn sein Patient Eigeninitiative zur Wiederherstellung der Gesundheit entwickelt, und ihn dabei durch seinen Rat unterstützen.

Das isometrische Training gehört zu den allgemein anerkannten (wenn auch viel zu wenig genutzten) Trainingsmethoden, so daß jeder Arzt beurteilen können sollte, ob und welche Vorsichtsmaßnahmen im Einzelfall erforderlich sind; zumindest kann er aber einen Kollegen mit Erfahrung in Isometrik hinzuziehen. Wenn er dazu nicht bereit ist, vielleicht sogar zur strengen Schonung rät (die oft alles verschlimmert und nur in seltenen Fällen für längere Zeit erforderlich ist), sollte der informierte, mündige Patient ernsthaft überlegen, ob er sich nicht besser einem aufgeschlosseneren, kooperationswilligeren Therapeuten anvertrauen will.

Dieser Ratschlag gilt auch für Körperbehinderte, für die der Arzt nur die Empfehlung »damit müssen Sie sich abfinden, damit kann man leben« parat hat. Zwar kann das isometrische Training keine Wunder bewirken, aber die Erfahrung lehrt, daß sich durch die Übungen oft auch in scheinbar aussichtslosen Fällen doch noch eine Besserung herbeiführen läßt. Dazu sind gezielte Übungen nach fachmännischer Anweisung erforderlich, in einem Buch können die individuell notwendigen Maßnahmen unmöglich aufgeführt werden. Ergänzt wird die Isometrik in solchen Fällen oft durch krankengymnastische Übungen, deren Erfolgsaussichten durch das regelmäßige isometrische Grundtraining erheblich verbessert werden.

Ganz besonders zu empfehlen sind isometrische Übungen für blinde Menschen. Zwar gibt es einzelne Blinde, die trotz ihrer Behinderung Gymnastik und Sport treiben, ja sogar an Wettkämpfen und Marathonläufen teilnehmen, aber das bleibt die

Ausnahme. Die Mehrzahl der blinden Menschen glaubt, kein Training mehr durchführen zu können. Als Folge verkümmern nicht nur ihre Muskeln und die Herz-Kreislauf-Funktionen, oft leidet auch ihr Selbstwertgefühl erheblich unter dieser Beschränkung. Durch isometrische Übungen können diese Folgen ohne Hilfe anderer und ohne das Risiko von Verletzungen wieder beseitigt werden. Das Trainingsprogramm für Blinde, bei denen keine anderen Behinderungen bestehen, entspricht dem weiter vorne beschriebenen Grundprogramm für Sehende.

Isometrik als Ergänzung für Sportler

»Ich treibe regelmäßig jeden Tag 10 Minuten Gymnastik und 3mal wöchentlich Sport, wozu soll ich also noch isometrische Übungen durchführen?« Diese Frage stellen sich viele, weil sie meinen, damit genug für ihre Gesundheit und Leistungsfähigkeit getan zu haben. Erst recht werden Leistungssportler und Berufsathleten, die täglich stundenlang trainieren, am Wert des isometrischen Trainings für ihr Leistungsvermögen zweifeln, denn mehr als sie kann man doch wohl nicht mehr tun.

Trotz dieser auf den ersten Blick einleuchtenden Einwände gibt es schon einige Hochleistungs- und Berufssportler, die neben ihrem anstrengenden täglichen Training auch noch isometrisch üben und die Wirkung zu schätzen wissen. Die Erklärung dafür ist einfach, wenn wir uns noch einmal den Unterschied zwischen dem üblichen Bewegungsprogramm und den isometrischen Übungen in Erinnerung rufen:

Auch ein anstrengendes, umfassendes Training durch Bewegung, wie Hochleistungs- und Berufssportler es regelmäßig absolvieren, beansprucht immer nur einen Teil der Muskelfasern, die andern erschlaffen und verkümmern; durch isometrische Übungen, die zur Ergänzung des üblichen Trainings durchgeführt werden, erfaßt man auch die nicht geübten Muskelfasern und schafft so Leistungsreserven, die vor Überforderung schützen, das Verletzungsrisiko senken und im Wettkampf von entscheidendem Vorteil sein können. Deshalb empfiehlt sich isometrisches Training

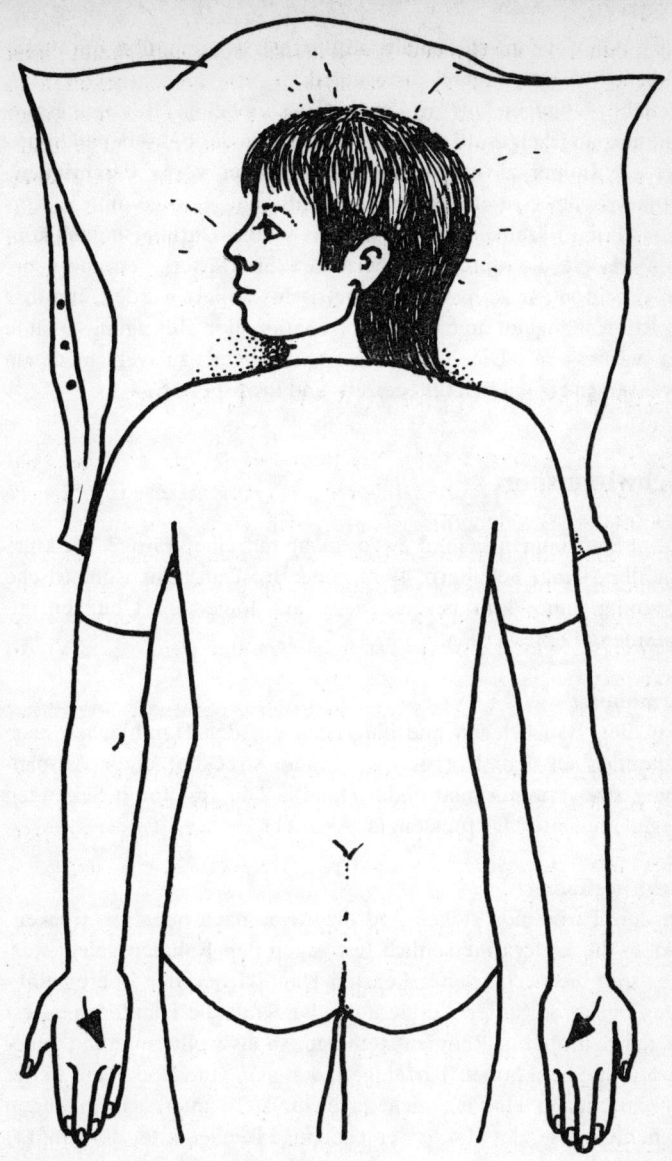

Abb. 11: Armübung für Schwimmer

auch dann, wenn man genügend durch Bewegung übt, um dieses übliche Training sinnvoll abzurunden.

Welche Übungen zur Ergänzung des üblichen Bewegungsprogramms angezeigt sind, hängt vor allem von der betriebenen Sportart ab. Immer zu empfehlen ist das weiter vorne beschriebene isometrische Grundtraining zur Kräftigung des gesamten Körpers. Für Freizeitsportler genügt das schon. Darüber hinaus können gezielt die durch die einzelnen Sportarten besonders beanspruchten Muskelpartien isometrisch trainiert werden, um ihre Leistungsfähigkeit und die Koordination der Bewegungsabläufe zu verbessern. Die folgenden Anregungen zu verschiedenen Sportarten eignen sich für Freizeit- und Profisportler.

Schwimmsport

Beim Schwimmen kommt es vor allem auf eine kräftige Muskulatur der Arme, Schultern, Beine und Brust an. Das isometrische Training kann dazu beispielsweise aus folgenden Übungen zusammengestellt werden:

Armübung
Auf den Bauch legen und die Arme mit den Handflächen nach unten neben dem Körper nach hinten strecken; unter Anspannung der Armmuskulatur die Handflächen fest für 6 Sekunden gegen die Unterlage pressen. (s. Abb. 11)

Schulterübung
In den Türrahmen stellen und die Arme nach oben ausstrecken, wobei die Unterarme seitlich fest gegen den Rahmen gelegt werden und die nach oben gekehrten Handflächen den oberen Rahmen berühren; unter Aufbietung aller Kraft die Handflächen fest gegen den oberen Rahmen stemmen, so als wollte man ihn anheben (bei einem hohen Türrahmen, den man vom Boden aus in der beschriebenen Haltung nicht erreicht, stellt man sich auf einen Schemel passender Höhe oder legt einige Bücher unter die Füße).

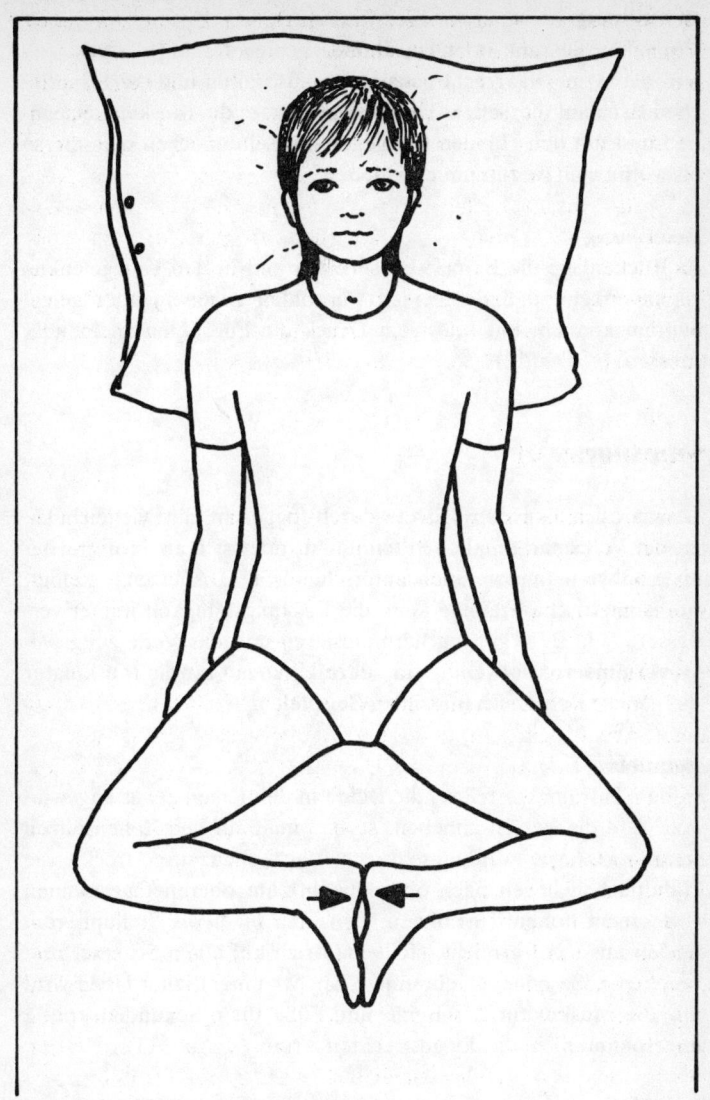

Abb. 12: Beinübung für Schwimmer

Brustübung

Vor einen Schrank oder ein ähnlich geeignetes Möbelstück stellen, die Arme waagrecht nach vorne ausbreiten und die Handflächen flach auf die Seiten des Schranks legen; die Muskeln anspannen und mit den Händen fest gegen die Seitenflächen pressen, so als wollte man sie zusammenschieben.

Beinübung

In Rückenlage die Beine weit spreizen und in den Kniegelenken so anwinkeln, daß die beiden Fußsohlen gegeneinander gelegt werden können; mit kräftigem Druck die Fußsohlen aneinander pressen. (s. Abb. 12)

Laufsport

Ob man sich als Hobbysportler durch Joggen fit hält, vielleicht sogar an Volksmarathonläufen teilnimmt, oder sich als Profisportler an Laufwettkämpfen über unterschiedliche Distanzen beteiligt, das isometrische Training kann die Leistungsfähigkeit immer verbessern, die Bewegungen harmonisieren und das Verletzungsrisiko vermindern; notwendig sind dazu Übungen für die Muskulatur des ganzen Beins nach folgenden Beispielen:

Beinübung 1

In den Türrahmen stellen, die Beine in den Knien etwas angewinkelt, und die Fersen anheben, so daß man auf den Zehenspitzen steht; die Arme werden senkrecht nach oben ausgestreckt, die Handflächen liegen nach oben gekehrt am oberen Querrahmen (bei einem hohen Türrahmen, den man in dieser Stellung vom Boden aus nicht erreicht, stellt man sich auf einen Schemel passender Größe oder schiebt einige Bücher unter); zum Üben wird nur die Muskulatur der Beine und Füße für 6 Sekunden kräftig angespannt, nicht die der gestreckten Arme. (s. Abb. 13)

Beinübung 2

Auf den Rücken legen, die Beine in den Knien leicht anwinkeln

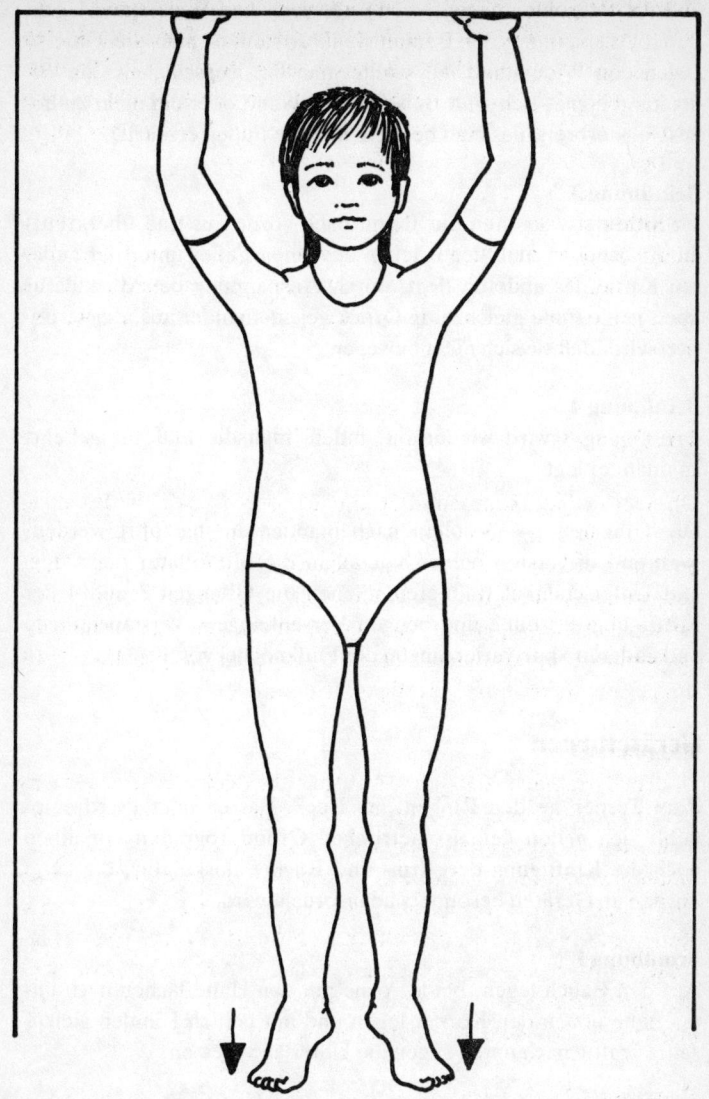

Abb. 13: Beinübung 1 für Laufsportler

und die Fußsohlen gegen einen unbeweglichen Widerstand legen; durch Anspannung der Beinmuskulatur stemmt man die Füße so gegen den Widerstand, als wollte man ihn wegschieben (als Widerstand eignet sich zum Beispiel eine Wand oder ein nicht zu hohes Fensterbrett, das man bequem mit den Füßen erreicht).

Beinübung 3
Im Sitzen streckt man die Beine nach vorne aus und überkreuzt die Knöchel so, daß der Rücken des einen Fußes unter der äußeren Kante des anderen liegt; durch Anspannung der Muskulatur üben beide Füße gleichzeitig Druck gegeneinander aus, der so dosiert wird, daß sie sich nicht bewegen.

Beinübung 4
Die Übung 3 wird wiederholt, indem man die Füße umgekehrt aneinander legt.

Die Übungen 1 – 4 sollen nacheinander durchgeführt werden. Während die ersten beiden vor allem die Muskulatur der Ober- und Unterschenkel trainieren, dienen die Übungen 3 und 4 der Kräftigung der Füße und beugen Verrenkungen, Verstauchungen und anderen Sportverletzungen der Fußknöchel vor.

Geräteturnen

Zum Turnen an den Ringen, am Reck, Barren oder Pferd empfiehlt sich neben dem isometrischen Grundprogramm vor allem noch die Kräftigung der Arm- und Rückenmuskulatur, die beim Turnen an Geräten besonders beansprucht wird.

Armübung 1
Auf den Bauch legen, beide Arme mit den Handflächen nach unten nahe neben den Körper legen und mit beiden Händen gleichzeitig kräftig nach unten gegen die Unterlage pressen.

Armübung 2
In der gleichen Stellung wie bei Übung 1 die Arme nach vorne

ausstrecken, beide Handflächen nach unten gewendet, und beide
Hände gleichzeitig kräftig auf den Boden vor dem Kopf drücken.

Armübung 3
In kurzem Abstand von einer Wand, mit dem Rücken zu ihr, auf

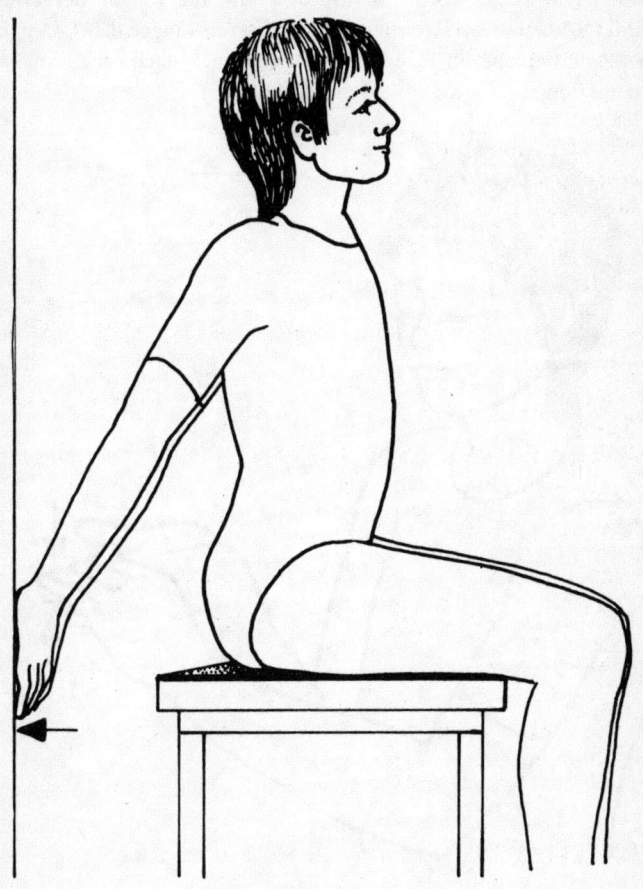

Abb. 14: Armübung 3 für Geräteturnen

den Boden oder einen Stuhl ohne Lehne setzen, die Arme nach hinten wenden und die Handflächen gegen die Wand legen; mit aller Kraft die Hände fest gegen die Wand stemmen, so als wollte man sich von ihr wegschieben. (s. Abb. 14)

Handübung 1

Beide Arme nach vorne ausstrecken und die Finger der einen Hand auf die der anderen legen; die unteren Finger drücken nach oben, die der oberen Hand üben Gegendruck nach unten aus, so daß die Finger unbewegt bleiben. (s. Abb. 15)

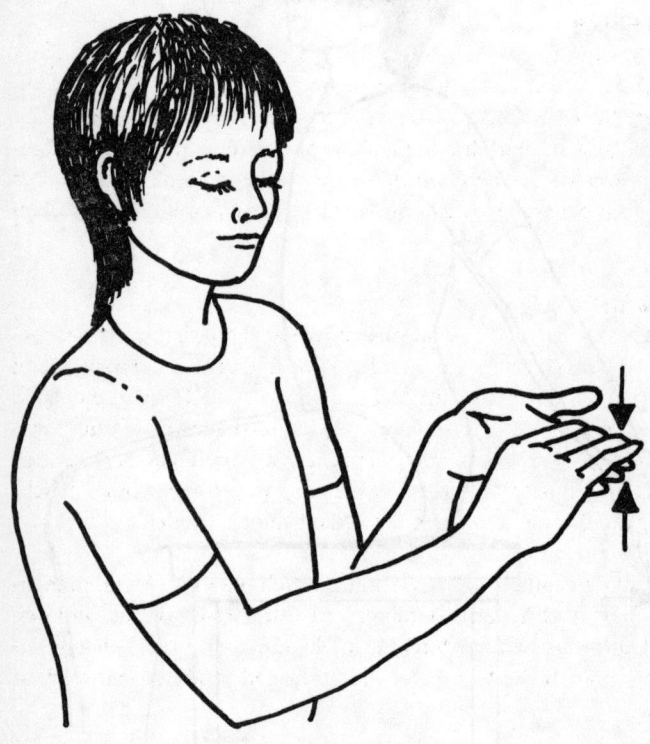

Abb. 15: Handübung 1 für Geräteturnen

Handübung 2
Die Übung 1 wird sinngemäß wiederholt, wobei die Finger aber umgekehrt aufeinander gelegt werden.

Handübung 3
Mit beiden Händen umfaßt man im Abstand von etwa 10 cm voneinander einen Besenstiel, Spazierstock oder ähnlichen Gegenstand; die Arme werden waagrecht nach vorne gestreckt und beide Hände drücken gleichzeitig kräftig den Stock, so als wollten sie ihn zusammenpressen.

Handübung 4
Der Stock wird wie bei Übung 3 mit beiden Händen umfaßt; dann streckt man die Arme waagrecht nach vorne aus und drückt zunächst für 6 Sekunden so an dem Stock, als wollte man ihn nach hinten biegen, danach 6 Sekunden so, als sollte er nach vorne gebogen werden (es muß sich um einen stabilen Stock handeln, der sich auch bei großer Anstrengung nicht biegen oder gar abbrechen läßt).

Rückenübung 1
Man legt sich auf den Rücken und zieht die gespreizten Knie so nah wie möglich zur Brust, die Füße bleiben zusammen; dann streckt man die Arme aus und umfaßt mit den Händen die Füße seitlich und an den Fußsohlen (wie ein Steigbügel); Kopf und oberer Rücken werden so weit hochgehoben, daß der Kopf zwischen die Knie gelangt, und bleibt 6 Sekunden in dieser Stellung; gleichzeitig drücken die Füße fest gegen die Hände nach unten.

Eine umfassende Trainingswirkung erzielt man nur, wenn man alle 8 hier beschriebenen Übungen für die Arme, Hände und den Rücken nacheinander durchführt. Dadurch wird die Leistungsfähigkeit und Sicherheit beim Geräteturnen bald spürbar verbessert.

Bodenturnen

Beim Turnen auf der Matte am Boden kommt es auf kraftvolle, harmonische Bewegungsabläufe des ganzen Körpers an. Sie werden durch das isometrische Grundprogramm mit Übungen von Kopf bis Fuß gefördert, spezielle Übungen sind dazu nicht erforderlich.

Kampfsportarten

Auch bei Judo, Karate, Boxen, Ringen und anderen Kampfsportarten sollte sich das isometrische Training nicht auf die dabei besonders beanspruchten Muskelgruppen beschränken, sondern den gesamten Körper üben. Dadurch verbessert man die Kraft und Beweglichkeit, was unter Umständen der entscheidende kleine Vorsprung gegenüber einem Gegner sein kann, der nicht isometrisch trainiert. Außerdem berichten Sportler, daß die isometrischen Übungen ihre Reaktionsfähigkeit beim Kampf erhöhen, ein weiterer wichtiger Vorteil, wenn es gilt, blitzschnell auf Angriffe zu reagieren oder Blößen des Gegners zu nutzen.

Kraftsportarten

Für Gewichtsheber und andere Kraftsportathleten eignet sich isometrisches Training besonders gut, um die Muskelkraft noch erheblich zu steigern und Verletzungen bei der plötzlichen hohen Kraftentfaltung zu vermeiden. Wichtig ist vor allem das Training der Arm-, Bein-, Bauch- und Rückenmuskulatur. Zum Üben empfehlen sich die Arm-, Hand- und Rückenübungen wie beim Geräteturnen, die Schulter- und bei Bedarf auch die Brustübungen wie beim Schwimmen und die Beinübungen wie beim Laufsport. Zur Stärkung der Bauchdecken, die vor allem verhindert, daß es beim Gewichtheben zum Eingeweidebruch kommt, eignen sich die folgenden Übungen:

Bauchübung 1

Mit dem Rücken gegen eine Wand stellen, den Rücken und das Gesäß dagegen legen; tief ausatmen, den Bauch dabei kräftig für 6 Sekunden einziehen und gleichzeitig den Rücken und das Gesäß gegen die Wand pressen.

Bauchübung 2

Auf den Knien und Handflächen niederlassen, der Körper hängt locker durch; tief ausatmen, den Bauch dabei für 6 Sekunden kräftig einziehen und gleichzeitig den Rücken wie eine buckelnde Katze nach oben gewölbt halten. (s. Abb. 16)
(Die obigen Übungen sind nur für Profisportler gedacht und sollen Freizeitsportler nicht dazu veranlassen, mit einem Kraftsporttraining zu beginnen; wegen der dabei notwendigen kurzen, hohen Kraftentfaltung gehört es nämlich nicht zu den Sportarten, die man zur regelmäßigen Gesundheitsvorsorge betreiben sollte.)

Abb. 16: Bauchübung 2 für Kraftsportler

Mannschaftssportarten

Die verschiedenen Formen des Mannschaftssports wie Fußball, Handball, Eishockey und viele andere, können durch isometrisches Training ebenfalls unterstützt werden. Neben der Steigerung der Kraft und Ausdauer vermindert man dadurch vor allem das Verletzungsrisiko, was gerade bei Berufssportlern sehr wichtig ist. Nach Möglichkeit sollten die isometrischen Übungen unter Anleitung des Trainers absolviert werden, denn beim Gruppensport kommt es auf das gute Zusammenspiel aller an, das unter anderem einen gleich hohen Trainingsstand bei allen Spielern voraussetzt.

Am besten wird das isometrische Trainingsprogramm für den ganzen Körper durchgeführt, der bei den meisten Mannschaftssportarten insgesamt gefordert wird.

Wintersport

Zur Vorbereitung auf die verschiedenen Wintersportarten, wie Abfahrts-, Slalom-, Langlauf, Skispringen oder Eislauf, eignen sich isometrische Übungen gut als »Trockentraining«, mit dem Freizeitsportler sich spätestens im Herbst auf die bevorstehende Saison vorbereiten sollten. Das Training steigert die Muskelkraft und verbessert die Koordination der Bewegungsabläufe, außerdem wird das Verletzungsrisiko verringert.

Notwendig ist vor allem das Training der Bein-Fuß-Muskulatur, bei Skiläufern außerdem der Arme und Hände. Spezielle Übungen dazu wurden weiter vorne schon bei den anderen Sportarten beschrieben. Noch besser wäre es allerdings, wenn der Wintersportler den ganzen Körper durch das isometrische Grundprogramm vorbereitet.

Tanzsport

Tanzen bedeutet immer körperliche Ertüchtigung und bietet als gesunde Freizeitbeschäftigung auch noch den Vorteil, daß man viel Spaß dabei finden und soziale Kontakte fördern kann. Von Profis wird das Tanzen als Sport betrieben, der nicht weniger als alle anderen Sportarten Ausdauer, Kraft und vollendete Körperbeherrschung verlangt; sinngemäß gilt das auch für den Eistanz.

Ob Profi oder Amateur, isometrische Übungen helfen beiden. Da man nicht allein mit den Beinen tanzt, sondern dabei den ganzen Körper harmonisch nach der Musik bewegt, beschränkt man das Training nicht auf die Beinübungen, sondern absolviert das isometrische Grundprogramm von Kopf bis Fuß.

Andere Sportarten

Es führte zu weit, im Rahmen dieses Buchs noch alle anderen Sportarten einzeln aufzuführen. Grundsätzlich gilt, daß jede durch regelmäßiges isometrisches Training unterstützt werden kann. Ob man dazu nur die einzelnen, besonders beanspruchten Muskelgruppen übt oder das gesamte isometrische Grundprogramm absolviert, läßt sich immer nur je nach Einzelfall entscheiden. Oft empfiehlt sich das umfassende Training des ganzen Körpers, denn keine Sportart beschränkt sich nur auf einzelne Muskelgruppen.

Fit in 90 Sekunden
– Das tägliche Übungsprogramm –

Nur 90 Sekunden am Tag, versprachen wir weiter vorne, genügen schon, um den Körper von Kopf bis Fuß ausreichend zu trainieren; da jede Übung 6 Sekunden dauert, entspricht das insgesamt 15 Grundübungen. Dieser geringe Zeitaufwand erklärt sich daraus, daß isometrische Übungen nahezu alle Muskelfasern beanspruchen, während das übliche Bewegungsprogramm auch bei erheblicher Anstrengung und langer Trainingszeit immer nur einen Teil der Muskelfasern übt.

Aus den weiter vorne beschriebenen einzelnen Übungen stellen wir später beispielhaft ein 90-Sekunden-Tagesprogramm für jedermann zusammen, das am besten als Trainingsblock am Morgen, nach Feierabend oder vor dem Schlafengehen absolviert wird. Es gewährleistet, daß man den ganzen Körper ausreichend trainiert, und sollte zur täglichen guten Gewohnheit werden.

Darüber hinaus bieten sich im Tagesablauf noch viele Gelegenheiten, um einige Sekunden lang isometrisch zu üben, zum Beispiel als Ausgleich zu berufsbedingten Zwangs- und Fehlhaltungen oder gegen Ermüdung, Konzentrations- und Leistungsschwäche. Grundsätzlich ist es zwar auch möglich, das Grundprogramm für den ganzen Körper auf mehrere solcher Gelegenheiten über den Tag zu verteilen, aber nach aller praktischen Erfahrung empfiehlt sich das nur bedingt. Wenn man das Training von günstigen Gelegenheiten während des Tages abhängig gemacht hat, kann man sich nicht daran gewöhnen (die Gewohnheit ist eine wichtige Voraussetzung für konsequentes Training) und auch kaum sicherstellen, daß man stets den ganzen Körper durcharbeitet. Deshalb ist das Grundtraining jeden Tag ungefähr zur gleichen Zeit für 90 Sekunden zu empfehlen, ergänzt durch geeignete Einzelübungen, die man im Tagesverlauf »nebenbei« ohne zusätzlichen Zeitaufwand absolviert. Diese 90 Sekunden für die Gesundheit kann man immer erübrigen, auch wenn man noch so sehr unter Zeitdruck steht.

Gelegenheiten zum Üben

Das isometrische Training erfordert keine langen Vorbereitungen oder Hilfsmittel. Man kann mit den Übungen jederzeit beginnen, zum Teil lassen sie sich überall ganz unauffällig durchführen.
In den folgenden Kapiteln weisen wir auf die häufigsten Gelegenheiten zum Üben hin, die sich bei den meisten Menschen im Tagesverlauf ergeben, und stellen dazu die geeigneten Übungen vor. Sie sollen aber nur als beispielhafte Anregungen verstanden werden, die Anfängern den Einstieg in das Training erleichtern. Letztlich muß man immer selbst herausfinden, wann und wie man am besten übt.

Nach dem Erwachen

Viele Menschen, die das isometrische Training kennen, »schwören« auf die Übungen am Morgen gleich nach dem Erwachen. Zum Teil kann man sie noch im Liegen durchführen, um richtig munter zu werden. Das empfiehlt sich vor allem bei niedrigem Blutdruck, der nach der langen Nachtruhe beim Aufstehen oft zum Versacken des Bluts in den Beinen mit Schwindel und Schwarzwerden vor den Augen führt. Eine kurze Übung vor dem Aufstehen sorgt dafür, daß sich der Blutdruck stabilisiert. Aber ganz unabhängig vom Blutdruck läßt isometrisches Training nach dem Erwachen jeden Menschen frischer und beschwingter in den Tag gehen.

Die folgenden Übungen müssen nicht alle durchgeführt werden (obwohl nichts dagegen spricht), es genügt, wenn man sich aus jeder Gruppe 1 – 2 auswählt, um den »Lebensmotor« wieder auf Touren zu bringen. Am besten probiert man sie alle einmal aus und behält dann die bei, die am besten wirken.

Übungen im Liegen
(gleich nach dem Erwachen durchführen)

Übung 1
In Rückenlage den Kopf unter Anspannung der Hals-Nacken-Muskulatur für 6 Sekunden fest gegen das Kissen drücken; verbessern kann man die Wirkung, indem man das Kissen wegschiebt und einen harten Gegenstand (zum Beispiel ein Buch) als Widerstand unter den Kopf legt.
Diese Übung verbessert die Blutzufuhr zum Gehirn, so daß beim Aufstehen kein Schwindelgefühl auftritt. (s. Abb. 17)

Übung 2
In Rückenlage beide Arme senkrecht nach oben ausstrecken, die Finger spreizen, leicht krümmen, die Fingerkuppen aneinander legen und 6 Sekunden lang so fest wie möglich gegeneinander drücken.

Übung 3
In Rückenlage tief ausatmen, den Bauch für 6 Sekunden so weit

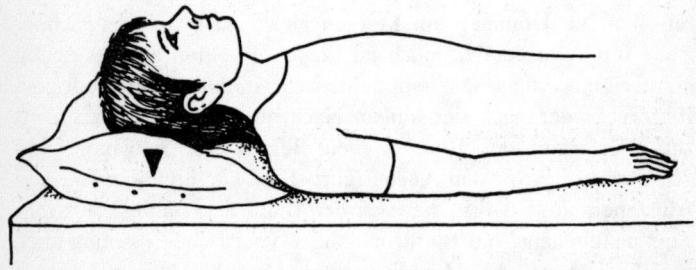

Abb. 17: Übung 1 im Liegen

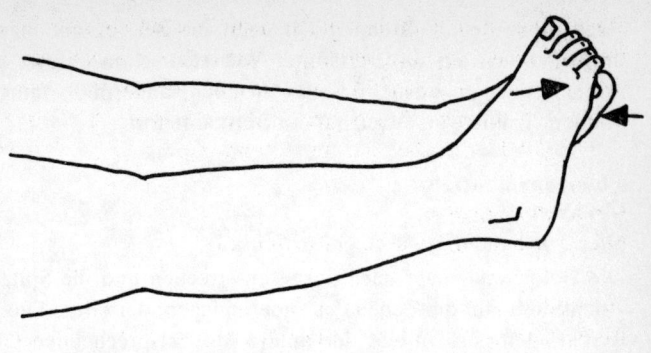

Abb. 18: Übung 1 im Sitzen

wie möglich einziehen und zugleich den Rücken und das Gesäß fest gegen die Unterlage pressen.

Übung 4
In Rückenlage mit dem Körper nach unten rücken, so daß die Innenseite der Füße seitlich außen an den unteren Bettpfosten liegen; die Beinmuskulatur anspannen und mit den Füßen kräftig gegen die Bettpfosten drücken, so als wollte man sie zusammenschieben.
Wenn diese Übung bei einem breiteren Bett, dessen Pfosten zu weit auseinanderstehen, nicht durchgeführt werden kann, winkelt man die gespreizten Beine in den Knien so an, daß sich die Fußsohlen berühren, und preßt die Sohlen dann kräftig gegeneinander.

Übung 5
In Bauchlage mit dem Körper nach unten rücken, damit die Fußspitzen die untere Bettlade erreichen; den Kopf und die Brust halb anheben, 6 Sekunden in dieser Stellung bleiben und gleichzeitig die Fußspitzen fest gegen die Bettlade stemmen, als wollte man sich nach oben schieben.

Nach diesen vorbereitenden Übungen im Bett erhebt man sich und setzt sich auf die Bettkante. Wer sich schon munter genug fühlt, braucht nicht mehr weiter zu üben, andernfalls fährt man mit dem Training im Sitzen auf der Bettkante fort.

Übungen im Sitzen

Übung 1
Die Beine waagrecht nach vorne ausstrecken und die Spitze des einen Fußes auf die Zehen des anderen legen; der obere Fuß preßt 6 Sekunden nach unten, der untere übt entsprechenden Gegendruck aus, so daß beide Füße unbewegt bleiben. (s. Abb. 18)

Übung 2
Die Übung 1 wird sinngemäß mit den umgekehrt aufeinander gelegten Füßen wiederholt.

Übung 3
Die Füße fest auf den Boden stellen und die Knie spreizen; die Handflächen liegen seitlich außen auf den Knien und pressen kräftig dagegen nach innen, als sollten die Knie zusammengedrückt werden, die Muskeln der Beine üben entsprechenden Gegendruck aus, die Knie bleiben also unbeweglich. (s. Abb. 19)

Übung 4
Die Füße wie bei Übung 3 stellen, die Knie spreizen und die beiden Handflächen jetzt innen gegen die Knie legen; die Hände üben kräftigen Druck gegen die Knie nach außen aus, die durch entsprechenden Gegendruck der Beinmuskeln dafür sorgen, daß keine Bewegung zustande kommt.

Übung 5
Die Beine nach vorne ausstrecken, die Fersen ruhen auf dem Boden; die Handflächen werden auf die Knie gelegt, die Arme bleiben gestreckt und pressen unter Anspannung der Muskeln fest gegen die unbeweglichen Knie.

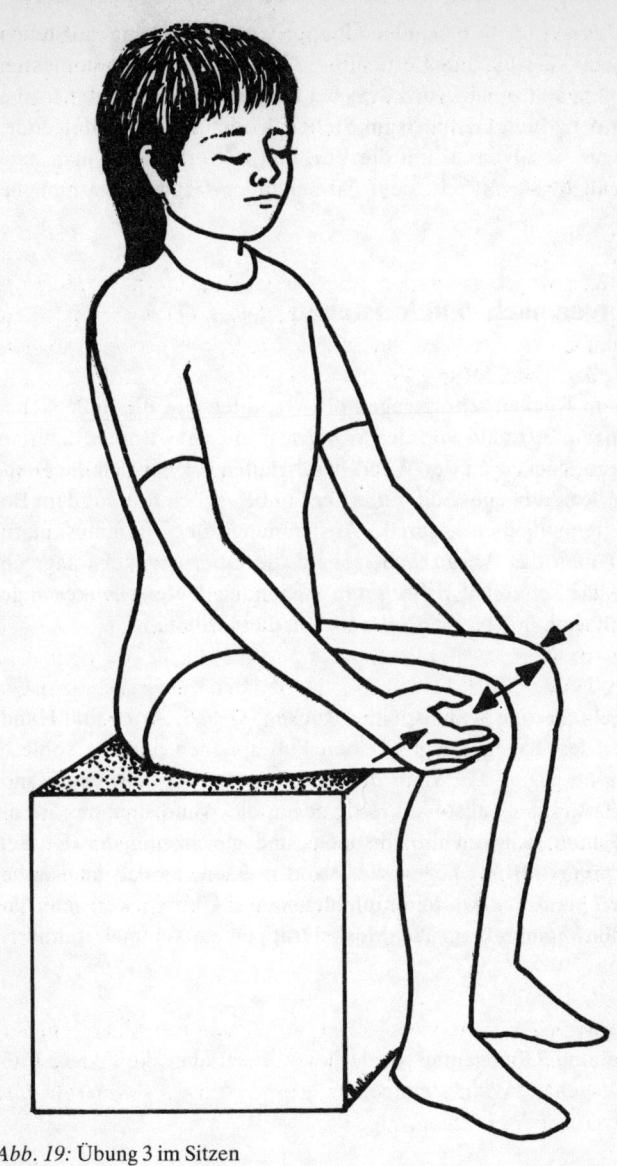

Abb. 19: Übung 3 im Sitzen

Nun fühlt man sich wohl endgültig wach und kann aufstehen, ohne ein Versacken des Bluts in die Beine befürchten zu müssen. Trotzdem sollte man vor allem bei labilem Kreislauf oder fortbestehender Müdigkeit noch im Stehen 1 oder 2 der nachfolgenden Übungen absolvieren, um die Wirkung zu verbessern; man kann aber auch gleich mit dem 90-Sekunden-Grundprogramm beginnen.

Übungen nach dem Aufstehen

Übung 1
Mit dem Rücken schräg gegen die Wand lehnen, die Füße stehen in einigem Abstand von der Wand fest auf dem Boden; langsam mit dem Rücken an der Wand herabgleiten, wobei sich die Beine in den Knien beugen, die Füße aber unbeweglich fest auf dem Boden stehenbleiben, durch Anspannung der Beinmuskulatur stoppt man das Abrutschen, sobald die Oberschenkel waagrecht gegen die senkrecht nach unten stehenden Unterschenkel angewinkelt sind, und bleibt 6 Sekunden in dieser Stellung.

Übung 2
Aufrecht an eine Wand stellen, Rücken, Gesäß, Arme und Handflächen fest dagegen legen, einen Fuß anheben und die Sohle in Kniehöhe gegen die Wand drücken; mit den Armen, den Handflächen und der Fußsohle kräftig gegen die Wand stemmen, so als wollte man sich von ihr abstoßen, und gleichzeitig den Rücken und das Gesäß fest gegen die Wand pressen, so daß man unbeweglich steht (eine sehr empfehlenswerte Übung, weil man dabei gleich mehrere große Muskelgruppen auf einmal trainiert). (s. Abb. 20)

Übung 3
Die Übung 2 sinngemäß wiederholen, dazu aber die andere Fußsohle gegen die Wand stemmen.

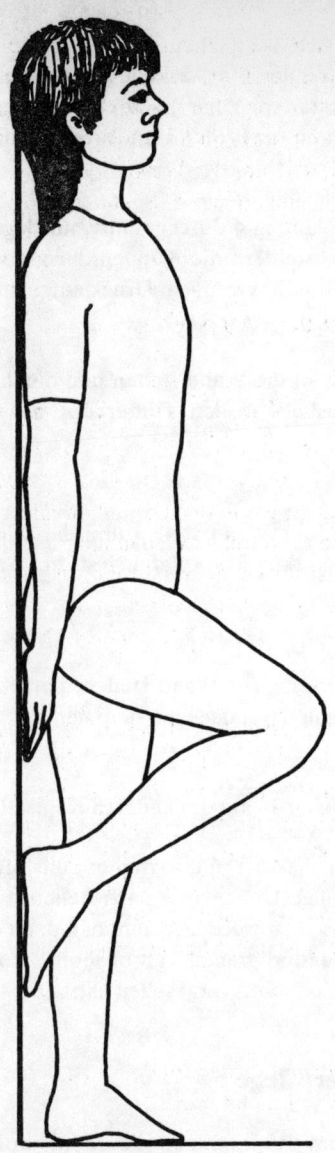

Abb. 20: Übung 2 nach dem Aufstehen

Übung 4
Beide Arme im Ellbogen anwinkeln und vor der Brust die Hand-
flächen flach zusammenlegen; durch Anspannung der Arm-
Schulter-Muskulatur die beiden Hände fest aneinander pressen.

Übung 5
Sie wird wie die Übung 4 durchgeführt, nur legt man dabei nicht
die Handflächen, sondern die Kuppen der gespreizten, leicht gekrümmten Finger unter kräftigem Druck aufeinander.

Übung 6
Mit dem Rücken an die Wand stellen und durch Anspannung der
Hals-Nacken-Muskulatur den Hinterkopf fest für 6 Sekunden
dagegen pressen.

Übung 7
Mit dem Gesicht zur Wand stellen und die Stirn durch Anspannung der Hals-Nacken-Muskulatur fest für 6 Sekunden gegen
die Wand drücken.

Übung 8
Mit einer Körperseite zur Wand stellen, den Kopf schräg gegen
die Wand beugen und fest dagegen stemmen.

Übung 9
Die Übung 8 sinngemäß mit der anderen Kopfseite wiederholen.

Im Anschluß an dieses Frühprogramm zum Munterwerden, aus
dem man sich einige Übungen je nach Belieben auswählt, um die
Lebensgeister rasch zu wecken, kann man dann das systematische
90-Sekunden-Grundprogramm absolvieren, sofern man dazu
keinen anderen Zeitpunkt vorgesehen hat.

Bei der Körperpflege

Während man im Badezimmer die Morgentoilette durchführt,
kann man vor dem Spiegel einige Gesichtsübungen einschieben,

die den »letzten Schlaf« vertreiben. Außerdem sollte die Bauchmuskulatur trainiert werden, um die Darmentleerung auf natürliche Weise anzuregen.

Gesichtsübung 1
Vor dem Spiegel die Lippen aufwerfen, die Nase rümpfen und die Brauen über der Nasenwurzel zusammenziehen, so daß das Gesicht einen drohend-finsteren Ausdruck bekommt; nach 6 Sekunden die Gesichtsmuskeln wieder entspannen.

Gesichtsübung 2
Vor dem Spiegel den Mund ein wenig öffnen und so weit wie möglich Richtung Ohren in die Breite ziehen, wobei auch die Halsmuskeln kräftig angespannt werden und die Augenbrauen sich zusammenziehen; nach 6 Sekunden lockert man die Gesichtsmuskeln wieder.

Gesichtsübung 3
Vor dem Spiegel die Augen und den Mund wie in panischem Schrecken für 6 Sekunden weit aufreißen und dann wieder entspannen.

Gesichtsübung 4
Den Mund und die Augen fest zusammenkneifen und die Wangen einziehen, etwa so, als hätte man eine Zitrone im Mund; nach 6 Sekunden die Gesichtsmuskulatur wieder lockern.

Gesichtsübung 5
Die Augenbrauen und die Stirn vor dem Spiegel für 6 Sekunden in die Höhe ziehen, so als wäre man maßlos erstaunt; danach die Gesichtsmuskeln wieder entspannen.

Bauchübung 1
Diese einfache isometrische Übung lernten wir schon mehrmals kennen, denn sie eignet sich bei vielen Gelegenheiten zum unauffälligen Üben, auch bei der Körperpflege; ob man unter der Dusche steht, sich rasiert oder kämmt, stets kann man für 6 Sekun-

den den Bauch kräftig einziehen, um die Muskulatur zu kräftigen, die Durchblutung der Bauchorgane anzuregen und den Stuhlgang zu fördern.

Auch im Anschluß an die Körperpflege kann man das 90-Sekunden-Grundprogramm durchführen; im Gegensatz zu Gymnastik und Sport gerät man dabei nicht ins Schwitzen, muß also hinterher nicht nochmals mit der Körperpflege beginnen, um frisch in den Tag zu gehen.

Am Arbeitsplatz

Im Verlauf eines Arbeitstags bieten sich zahlreiche Möglichkeiten, um kurz isometrisch zu trainieren. Manche Übungen erfordern eine kurze Unterbrechung der Arbeit, andere kann man »nebenbei« durchführen.
Isometrische Übungen während der Arbeit empfehlen sich aus mehreren Gründen. Zunächst kann man dadurch Zwangs- und Fehlhaltungen ausgleichen, die sonst zu Muskelverspannungen und schließlich zu bleibenden Schäden an den ungünstig belasteten Gelenken und Wirbeln führen können. Außerdem bringt man dadurch die Durchblutung wieder in Gang, verbessert die Konzentrations- und Leistungsfähigkeit. Die wenigen Sekunden, die man zwischendurch zum Üben benötigt, zahlen sich sofort durch höheres Leistungsvermögen und geringere Fehlerquoten aus und lohnen sich auch auf lange Sicht, weil die Anfälligkeit für Krankheiten ganz allgemein verringert wird.
Welche Übungen im Tagesablauf durchgeführt werden sollen, hängt vor allem von der Art der beruflichen Belastungen ab. Insbesondere die oft stark beanspruchte Wirbelsäule und die bei Sitz- und Stehberufen stockende Durchblutung der Beine soll durch das Training günstig beeinflußt werden; bei Schreibarbeiten und anderen manuellen Tätigkeiten empfiehlt sich außerdem das Üben der Schulter-, Arm- und Handmuskulatur.

Übungen für die Halswirbelsäule

Übung 1
Im Sitzen oder Stehen die Hände über dem Hinterkopf verschränken; durch Anspannung der Hals-Nacken-Muskulatur
mit dem Hinterkopf kräftigen Druck gegen die Handflächen und
mit den Armmuskeln entsprechenden Gegendruck der Hände
ausüben.

Übung 2
Die Handflächen vorne auf der Stirn verschränken und durch Anspannung der Hals-Nacken-Muskulatur mit der Stirn Druck gegen die Handflächen und mit den Armmuskeln den entsprechenden Gegendruck der Hände ausüben.

Übung 3
Eine Handfläche über dem Ohr der gleichen Körperseite an den
Kopf legen (dabei kann man den Ellbogen gegen die Wand stemmen, es geht aber auch ohne diese Abstützung); durch Anspannung der Hals-Nacken-Muskulatur mit dem Kopf Druck gegen
die Handfläche und durch den Widerstand der Wand oder mit den
Armmuskeln entsprechenden Gegendruck der Hand ausüben.

Übung 4
Die Übung 3 sinngemäß an der anderen Kopfseite mit dem anderen Arm durchführen.

Diese 4 Übungen empfehlen sich für alle Berufe, bei denen die
Halswirbelsäule während der Arbeit durch ungünstige Kopfhal-
tungen erheblich belastet wird, zum Beispiel am Schreibtisch, an
der Schreibmaschine oder Werkbank.

Übungen für die Lendenwirbelsäule

Zum Training der Muskeln des unteren Rückens, der vor allem
beim Sitzen durch ungünstige Haltungen erheblich belastet werden kann, eignen sich die nachstehenden beiden Übungen. Die
erste kann unauffällig im Sitzen durchgeführt werden, die andere

wirkt etwas besser, läßt sich am Arbeitsplatz aber nicht immer absolvieren.

Übung 1

Auf einen Stuhl setzen, den Rücken gegen die Lehne legen und die Beine ausstrecken; die Füße werden unter einen schweren Gegenstand (zum Beispiel ein Möbelstück) geschoben, dann spannt man die Muskulatur so an, als wollte man den Gegenstand mit den Füßen anheben.

Übung 2

Auf den Bauch legen, den Kopf erhoben und die Arme vor dem Oberkörper auf dem Boden verschränken; die Füße werden mit den Fersen nach oben unter einen schweren Gegenstand (Möbelstück oder ähnliches) geschoben und die Muskeln der Beine so angespannt, als wollte man den Gegenstand anheben.

Die Übungen für die Lendenwirbelsäule empfehlen sich bei allen Sitzberufen, um chronischen Kreuzschmerzen durch Veränderungen der Lendenwirbel und ihrer Bandscheiben vorzubeugen; außerdem sollten sie zwischendurch zur Kräftigung der Muskulatur des unteren Rückens durchgeführt werden, wenn man bei der Arbeit häufiger Lasten anheben oder längere Zeit in gebückter Haltung arbeiten muß.

Isometrische Übungen können ständige Fehlbelastungen der Hals- und Lendenwirbelsäule bei der Arbeit allerdings nicht dauernd ausgleichen, sondern die Folgen nur verzögern. Irgendwann drohen doch Wirbel- und Bandscheibenschäden, wenn man nicht gleichzeitig versucht, die Fehl- und Zwangshaltungen zu korrigieren.

Übungen für Schultern, Arme und Hände

Bei allen Tätigkeiten, die mit den Armen und Händen durchgeführt werden, sollten im Verlauf des Arbeitstags zwischendurch isometrische Übungen zur Entspannung und Kräftigung der beanspruchten Muskelgruppen durchgeführt werden. Sie empfehlen sich zum Beispiel bei handwerklichen Berufen und Arbeiten an der Schreibmaschine oder am Computer, bei denen die Hand-, Arm- und Schultermuskeln erheblich verspannt werden können. Stets sollte man je eine Übung für die Hände, Arme und Schultern absolvieren, damit die Muskulatur insgesamt durchgearbeitet wird, also nicht nur die spürbar verspannten und schmerzenden Muskeln trainieren.

Handübung 1
Zu dieser einfachen Übung benötigt man einen runden Gegenstand, den man mit der Hand umfassen kann, zum Beispiel den

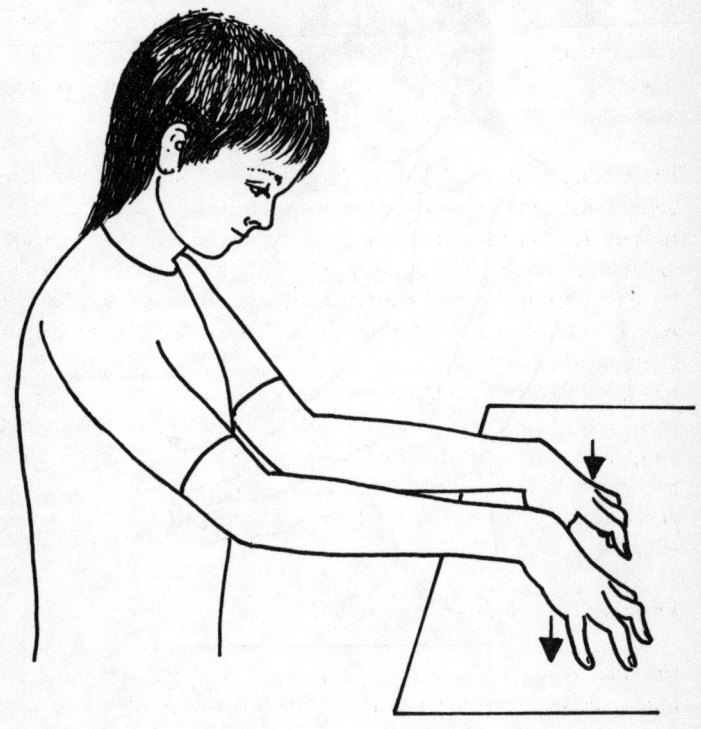

Abb. 21: Handübung 3 am Arbeitsplatz

Telefonhörer oder den Stiel eines Werkzeugs; dieser Gegenstand wird so in die Hand genommen, daß die 4 Finger ihn von vorne umfassen und der Daumen ihn von hinten umgreift; dann spannt man die Muskeln kräftig an und preßt den Gegenstand fest zwischen der Hand.

Handübung 2
Dazu wird die Handübung 1 sinngemäß mit der anderen Hand durchgeführt.

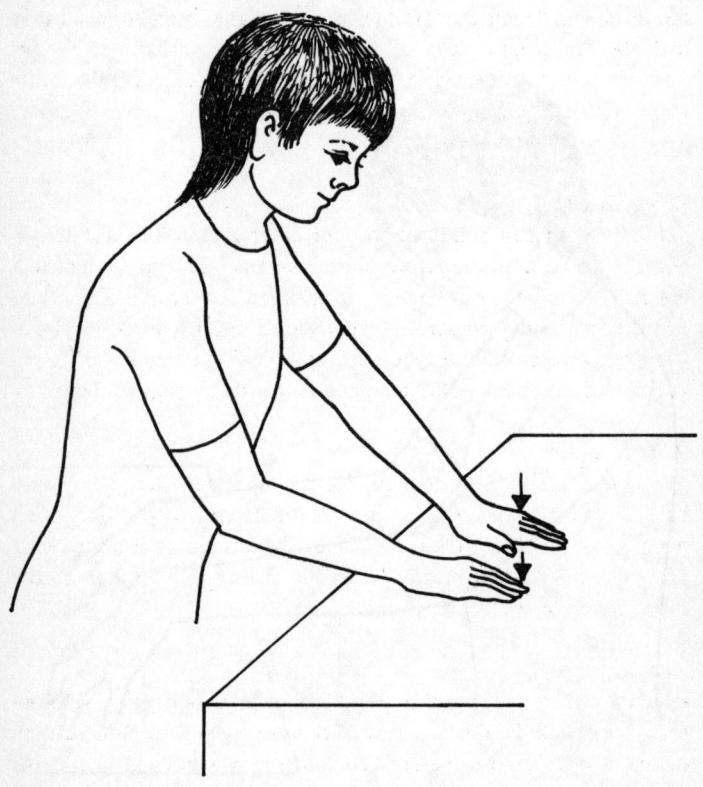

Abb. 22: Schulterübung 1 am Arbeitsplatz

Handübung 3

Diese Übung kann man am Schreibtisch, an der Werkbank oder einem anderen Einrichtungsgegenstand im Büro oder der Werkstatt durchführen; im Sitzen streckt man die Arme dazu seitlich nicht zu weit aus, spreizt und krümmt die Finger leicht und legt die Fingerkuppen auf den Schreibtisch oder eine andere Unterlage; durch Anspannung der Muskulatur preßt man sie 6 Sekunden lang kräftig nach unten. (s. Abb. 21)

Handübung 4

Sie wird gerade umgekehrt wie die Übung 3 durchgeführt, man legt also die Kuppen der gespreizten, leicht gekrümmten Finger von unten gegen den Schreibtisch oder einen anderen geeigneten Einrichtungsgegenstand und preßt mit aller Kraft nach oben, so als wollte man ihn anheben.

Armübung 1

Ganz nahe an den Schreibtisch oder einen anderen Einrichtungsgegenstand rücken, die Arme in den Ellbogen anwinkeln und nah am Körper halten, die beiden Handballen fest an die Kante des Schreibtischs oder anderen Gegenstands legen; durch Anspannung der Armmuskulatur stemmt man die Handballen kräftig gegen die Kante, so als wollte man den Gegenstand wegschieben.

Armübung 2

Mit dem Gesicht ganz nah gegen eine Wand stellen, die Arme hängen seitlich vom Körper herab, die Handflächen dreht man nach vorne und legt sie an die Wand; die Armmuskeln anspannen und die Handflächen kräftig gegen die Wand stemmen, als wollte man sich davon wegschieben.

Armübung 3

Einen nicht zu schweren Gegenstand, zum Beispiel das Telefonbuch, zwischen die flach zu beiden Seiten angelegten Handflächen nehmen, die Arme waagrecht nach vorne ausstrecken und beide Handflächen kräftig gegen die Seiten des Gegenstands drücken, als wollte man ihn zusammenpressen.

Schulterübung 1

Im Stehen über den Schreibtisch oder die Werkbank beugen, die Arme seitlich etwas ausstrecken, leicht anwinkeln und die Handflächen flach auf die Unterlage legen; durch Anspannung der Muskulatur aus den Schultern heraus die Handflächen fest gegen die Unterlage stemmen (der Druck darf nicht durch das Gewicht des nach vorne gebeugten Oberkörpers ausgeübt werden, sondern nur durch die Muskelkraft). (s. Abb. 22)

Schulterübung 2

Eine schon mehrfach beschriebene, auch am Arbeitsplatz oft geeignete Übung zur Kräftigung und Entspannung der Schultermuskulatur; dazu stellt man sich zwischen den Türrahmen und legt die Hände in Schulterhöhe rechts und links darauf; dann stemmt man sich mit aller Kraft gegen den Rahmen, so als wollte man ihn auseinanderdrücken.

Vor allem bei Arbeiten am Schreibtisch und an der Schreibmaschine (aber auch bei vielen anderen manuellen Tätigkeiten) können die Hand-, Arm- und Schulterübungen zusammen mit dem Training der Rückenmuskulatur die häufigen Beschwerden am Schultergürtel und an der Wirbelsäule (zum Beispiel die »Sekretärinnenkrankheit«) verhindern oder lindern.

Übungen für die Beine

Bei Berufen, die vorwiegend im Sitzen oder Stehen ausgeübt werden, kommt es oft zu Blutstauungen in den Venen, die anfangs zu müden, schweren Beinen, später zu Krampfadern und ihren Komplikationen führen.

Arbeiten im Stehen belasten außerdem die Bein- und Fußgelenke und das Fußgewölbe erheblich, so daß auch hier nach einiger Zeit Schäden auftreten, die unter Umständen nicht mehr rückgängig zu machen sind. Durch isometrische Beinübungen beugt man diesen Folgen so gut wie möglich vor und kann auch bereits bestehende Beschwerden wieder bessern. Deshalb sollte man bei entsprechender Berufstätigkeit zwischendurch regelmäßig isometrisch trainieren; die folgenden Übungen eignen sich dazu besonders gut.

Beinübung 1
Im Sitzen beide Beine ausstrecken; die Ferse des einen Beins liegt auf dem Boden, das andere Bein wird so über das Fußgelenk des unteren gelegt, daß der Fußrücken an der äußeren Kante des unteren Fußes festen Halt findet; die Muskulatur wird so angespannt, als wollte man die beiden Füße auseinanderziehen, was wegen der Verflechtung der Füße aber nicht gelingt, wenn man mit dem unteren Bein entsprechenden Gegendruck ausübt. (s. Abb. 23)

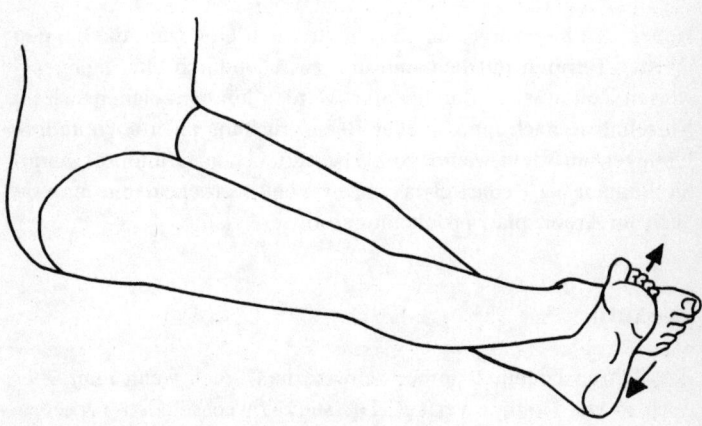

Abb. 23: Beinübung 1 am Arbeitsplatz

Beinübung 2
Die Übung 1 wird sinngemäß wiederholt, die Füße überkreuzt
man dazu gerade umgekehrt.

Beinübung 3
Im Sitzen die Beine spreizen und die Innenseiten der Füße außen
rechts und links gegen die beiden vorderen Stuhlfüße legen; die
Muskeln anspannen und die Füße kräftig so gegen die Stuhlfüße
pressen, als wollte man sie zusammendrücken.

Beinübung 4
In gleicher Haltung wie bei Übung 3 die Füße mit den Außenkanten innen gegen die beiden vorderen Stuhlfüße legen und durch
Anspannung der Muskulatur so nach außen pressen, als wollte
man die Beine noch weiter spreizen.

Beinübung 5
Im Sitzen die Füße so anheben, daß sie nur noch mit den Fersen
auf dem Boden ruhen; auf dem Stuhl nach hinten rücken, damit
das Gesäß und der untere Rücken festen Halt an der Stuhllehne
finden, und die Fersen unter Anspannung der Beinmuskulatur
kräftig gegen den Boden pressen. (s. Abb. 24)

Neben den hier vorgestellten isometrischen Übungen, die bei den
meisten Berufen nützlich sind und zwischendurch ohne nennens-
werten Zeitaufwand durchgeführt werden können, eignen sich im
Einzelfall je nach individueller Beanspruchung auch noch andere
Übungen aus dem weiter vorne beschriebenen Grundprogramm.
Sie können bei Bedarf etwas abgewandelt werden, damit man sie
auch am Arbeitsplatz problemlos absolvieren kann.

Im Auto

Autofahren bedeutet immer Schwerarbeit, auch wenn man über
noch so viel Routine verfügt. Die ständig wechselnden Verkehrs-
situationen können Blutdruck und Puls bis nahe an Kollapswerte

hinauftreiben, Aufmerksamkeit und Reaktionsfähigkeit lassen allmählich deutlich nach und die Muskeln verspannen sich. Dem kann man durch isometrische Übungen vorbeugen, die sich bei kurzen Fahrten an einer roten Ampel, bei längeren Fahrten während der dringend notwendigen regelmäßigen Pausen oder beim Warten im Stau einschieben lassen.

Unabhängig davon empfiehlt sich eine streßarme defensive Fahrweise mit vernünftiger, dem Verkehrsfluß angepaßter Geschwindigkeit, denn vor allem zu hohe Geschwindigkeiten und riskante Fahrmanöver führen zur extremen Belastung des Herz-Kreislauf-Systems und bringen im Grunde kaum eine Zeitersparnis. Wenn

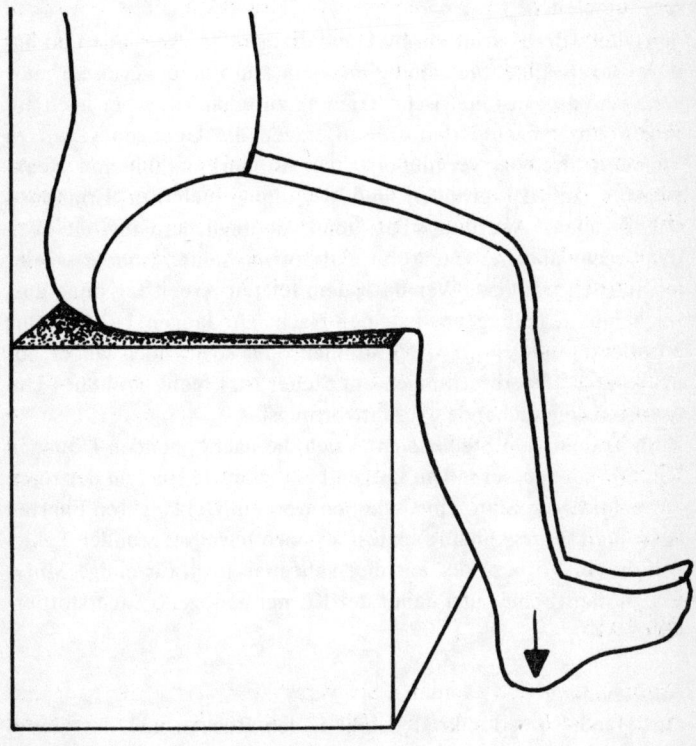

Abb. 24: Beinübung 5 am Arbeitsplatz

sich alle Autofahrer daran hielten, ließe sich die Unfallhäufigkeit deutlich senken.

Welche Übungen man im Auto durchführt, hängt vor allem von der Gelegenheit und der Länge der Fahrtstrecke ab. Bei kurzen Fahrten zum Beispiel zum Arbeitsplatz und zurück sind nur wenige einfache Übungen bei einem Halt an der Ampel, Bahnschranke oder im Stau des Berufsverkehrs erforderlich, bei längeren Fahrten muß spätestens nach 2 Stunden jeweils eine Pause auf einem Parkplatz eingelegt und gegen die Ermüdung, nachlassende Konzentration und Reaktionsfähigkeit sowie gegen die Verspannungen der Nacken-, Schulter-, Arm-, Hand-, Rücken- und Beinmuskulatur ein umfangreicheres Trainingsprogramm absolviert werden.

Vor allem Berufskraftfahrer, Handelsvertreter, Reisende und andere Berufstätige, die ständig mit dem Auto unterwegs sein müssen, wissen das isometrische Training zu schätzen. Aber auch auf ungewohnt langen Urlaubsreisen tragen die Übungen viel dazu bei, den Streß zu vermindern, die Aufmerksamkeit und Reaktionsfähigkeit zu erhöhen und der unfallträchtigen Ermüdung vorzubeugen. Allerdings darf man die tägliche Fahrtzeit auch dann nicht übertreiben, wenn man zwischendurch immer wieder isometrisch trainiert. Wer nach dem letzten Arbeitstag ohne ausreichende Erholung noch in der Nacht zur langen Urlaubsfahrt aufbricht, vielleicht 14 – 16 Stunden oder sogar noch länger nur mit kurzen Unterbrechungen am Steuer sitzt, geht ein hohes Unfallrisiko ein und handelt verantwortungslos.

Zum Training am Steuer eignen sich die nachstehenden Übungen gut. Sie können bei jedem kurzen Halt, zum Beispiel an der roten Ampel oder im Stau, eingeschoben werden. Bei längeren Fahrten führt man sie regelmäßig spätestens nach jeweils 2 Stunden Fahrtzeit durch. Vorher oder nachher geht man noch für einige Minuten an die frische Luft, damit der Körper genügend Sauerstoff erhält.

Nackenübung

Die Hände vom Lenkrad nehmen, den Rücken und das Gesäß fest gegen den Sitz lehnen; den Kopf so gegen die Kopfstütze des

Autositzes legen, daß der Nacken (nicht der Hinterkopf) für 6 Sekunden kräftig dagegen gepreßt werden kann.

Schulterübung

Die Hände vom Lenkrad nehmen und die Arme so im Ellbogen anwinkeln, daß die Handflächen flach gegen das Wagendach gelegt werden können; dann spannt man die Muskeln an und stemmt die Hände kräftig gegen das Wagendach.

Armübung

Die Hände rechts und links in gleicher Höhe flach gegen das Lenkrad legen (aber nicht umklammern) und den Rücken fest gegen die Sitzlehne drücken; die Armmuskeln so anspannen, daß die Handflächen von beiden Seiten kräftig gegen das Lenkrad drücken, so als wollte man es zusammenpressen.

Handübung

Beide Hände umfassen im Abstand von etwa 10 cm den unteren Lenkradkranz so, daß die Finger ihn von oben, die Daumen von unten umgreifen; dann spannt man die Muskeln zunächst für 6 Sekunden so an, als wollte man das Lenkrad nach hinten verbiegen, anschließend nochmals für 6 Sekunden so, als wollte man es nach vorne biegen.

(Manche Autofahrer befürchten, das Lenkrad könnte durch die Arm- und Handübungen gelockert werden, aber diese Gefahr besteht nie; man kann die beschriebenen beiden isometrischen Übungen am Lenkrad also getrost durchführen.)

Rückenübung

Die Füße bis nahe zum Autositz heranziehen, so daß die Knie hochgestellt werden; das Gesäß fest gegen die Sitzlehne legen, den Rücken nach vorne beugen, damit der Kopf nahe zu den Knien kommt; dann das Gesäß an der Lehne nach oben schieben, bis die Oberschenkel waagrecht über dem Sitz schweben, und in dieser Stellung für 6 Sekunden bleiben. (s. Abb. 25)

Die Füße bis nahe zum Autositz heranziehen, so daß die Knie
hochgestellt werden; die Knie spreizen, die Handflächen seitlich
außen dagegen legen und nach innen pressen, wobei die Beinmuskeln entsprechenden Gegendruck ausüben, so daß sich die
Knie nicht bewegen; danach die Handflächen seitlich innen gegen
die Knie legen und nach außen pressen, wobei wieder entspre-

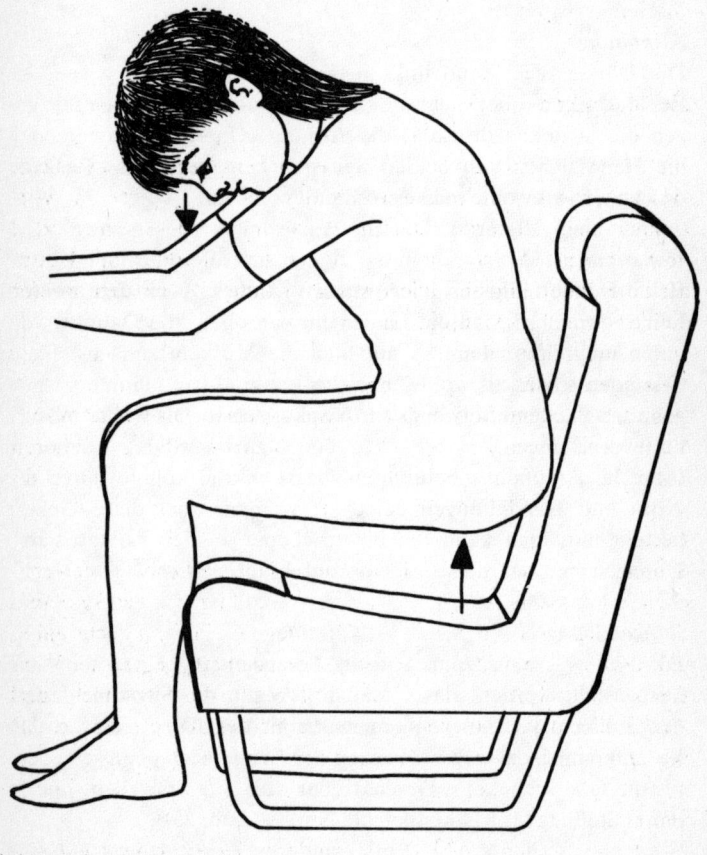

Abb. 25: Rückenübung im Auto

chender Gegendruck der Beinmuskeln eine Bewegung der Knie verhindert.

Unabhängig von einer Fahrtpause kann man außerdem zwischendurch immer wieder einmal den Bauch für 6 Sekunden einziehen. Dabei darf man sich aber niemals vom Verkehr ablenken lassen. Außerdem können noch andere Übungen des isometrischen Grundprogramms im Auto durchgeführt werden, die man bei Bedarf leicht abwandeln muß.

Beim Warten

Viele Gelegenheiten zu isometrischen Übungen findet man beim Warten, zum Beispiel auf dem Bahnhof oder Flugplatz, im Vorzimmer einer Behörde oder im Wartezimmer des Arztes. Weil man dabei meist nicht allein ist, eignen sich allerdings nur Übungen, die unauffällig absolviert werden können. Auch dazu wieder einige beispielhafte Anregungen.

Übungen im Stehen
Als unverrückbaren Widerstand benötigt man dazu eine Wand, Säule oder einen Treppenabsatz, wo man unauffällig trainieren kann.

Übung 1
Seitlich neben die Wand, Säule oder einen ähnlichen unbeweglichen Widerstand stellen; die Arme im Ellbogen anwinkeln und die Handfläche flach gegen die Wand legen, ein Bein leicht anheben und mit der Außenseite des Fußes ebenfalls gegen die Wand drücken; durch Anspannung der Muskulatur die Handfläche und Außenseite des Fußes fest gegen den Widerstand pressen, so als wollte man sich davon abstoßen.

Übung 2
Die Übung 1 sinngemäß auf der anderen Körperseite wiederholen.

Übung 3

Mit dem Rücken gegen die Wand lehnen, die Arme und Handflächen dagegen legen, ein Bein anheben und die Fußsohle gegen die Wand drücken; durch Anspannung der Muskulatur Arme, Handflächen und Fußsohle kräftig gegen die Wand stemmen.

Übung 4

Die Übung 3 sinngemäß wiederholen, dabei aber das andere Bein anheben.

Übung 5

Mit dem Gesicht vor eine Wand, Säule oder Treppenstufe stellen; einen Fuß leicht anheben und seine Spitze unter Anspannung der Muskulatur kräftig dagegen drücken.

Übung 6

Die Übung 5 sinngemäß mit der anderen Fußspitze wiederholen.

Übungen im Sitzen

Welche Übungen man beim Warten im Sitzen durchführen kann, hängt unter anderem davon ab, ob der Stuhl über eine Lehne verfügt und ob er nahe bei einer Wand oder frei im Raum steht. Die folgenden Beispiele eignen sich für die verschiedenen Situationen.

Übung 1

Beide Füße mit den Innenseiten seitlich außen gegen die vorderen Stuhlfüße legen und fest dagegen pressen, so als wollte man die Stuhlbeine nach innen drücken.

Übung 2

Beide Füße mit den Außenseiten seitlich innen gegen die vorderen Stuhlfüße legen und fest dagegen pressen, so als wollte man die Stuhlbeine nach außen drücken.

Übung 3

Den Rücken aufrichten, die Arme seitlich herabhängen lassen, in den Ellbogen leicht anwinkeln und mit den Händen die Kanten des Stuhlsitzes umfassen; die Armmuskeln anspannen, so als wollte man den Stuhlsitz anheben.

(Die Übungen 1 – 3 können mit jedem Stuhl durchgeführt werden, unabhängig davon, ob er an einer Wand oder frei im Raum steht oder über eine Lehne verfügt.)

Übung 4
Rücken und Gesäß fest gegen die Stuhllehne legen; tief ausatmen, dabei den Bauch einziehen und den Rücken und das Gesäß gleichzeitig kräftig gegen die Lehne pressen.

Übung 5
Im Stuhl zurücklehnen und die Beine ausstrecken; die Füße in Höhe der Knöchel überkreuzen, so daß der Rücken des oberen Fußes an der Außenkante des unteren Halt findet; die Muskeln anspannen, als wollte man die Füße auseinanderziehen, und dabei Druck und Gegendruck so aufeinander abstimmen, daß sich die Füße nicht bewegen.

Übung 6
Die Übung 5 sinngemäß wiederholen, dabei die Füße aber umgekehrt überkreuzen.

Übung 7
Beide Arme nach hinten führen und mit den Händen den Stuhlsitz umklammern (das setzt voraus, daß der Stuhl nicht zu dicht bei der Wand steht); den Rücken gegen die Lehne pressen und die Arm-Schulter-Muskeln so anspannen, als wollte man den Körper nach hinten ziehen, was wegen des Widerstands der Stuhllehne und Rückenmuskeln aber nicht gelingt.

Übung 8
Auf dem Stuhl ganz nach hinten zur Lehne rücken, die Arme seitlich leicht ausstrecken und die Handflächen gegen die Wand legen; den Rücken fest gegen die Lehne pressen und die Handflächen gleichzeitig gegen die Wand stemmen.

Übung 9

Den Hinterkopf gegen die Wand legen, dann den Nacken (nicht den Hinterkopf) durch Anspannung der Muskulatur fest an die Wand pressen (das setzt voraus, daß der Stuhl nahe genug an der Wand steht).

Diese einfachen Übungen füllen die Wartezeit sinnvoll aus, und man fühlt sich danach rasch wieder fit und munter. Das kann zum Beispiel bei wichtigen Verhandlungen, auf die man wartet, von entscheidendem Vorteil sein.

Während des Fernsehens

Vor kurzem entdeckten die Orthopäden eine neue Krankheit, die als Folge der oft ungünstigen Körperhaltung beim Fernsehen auftritt und deshalb als »Fernsehhals« bezeichnet wird. Es handelt sich dabei um eine Schädigung der Halswirbelsäule und ihrer Bandscheiben mit schmerzhafter Verspannung der Nackenmuskulatur, Kopfschmerzen und Schwindel als Hauptsymptomen. Anfangs treten die Beschwerden nur vorübergehend nach dem Fernsehen auf und verschwinden bald wieder, später können sie längere Zeit oder dauernd anhalten und die Schäden lassen sich nicht mehr rückgängig machen.

Um solche Folgen zu vermeiden, muß man unbedingt auf eine gute Körperhaltung beim Fernsehen achten. Der Nacken soll dabei durch eine Nackenrolle gestützt werden, das Kreuz durch ein festes Kissen. Außerdem muß man darauf achten, daß der Fernsehapparat nicht zu tief steht, weil man sonst automatisch den Hals nach vorne streckt.

Darüber hinaus empfehlen sich isometrische Übungen vor allem für den Hals-Nacken-Bereich und unteren Rücken; außerdem sollte zwischendurch auch noch die Bauch- und Beinmuskulatur trainiert werden, um dem »Sitzbauch« und Krampfadern vorzubeugen. Die folgenden Übungen können im Laufe des Fernsehabends mehrmals vorbeugend absolviert werden. Auch wer schon unter einem »Fernsehhals« oder ähnlichen Beschwerden leidet, kann sie nach Rücksprache mit dem Therapeuten durchführen, um ein Fortschreiten der Halswirbelveränderungen zu vermeiden.

Halsübungen

Diese 4 Standardübungen für Hals und Nacken lernten wir schon mehrfach kennen, da sie sich bei vielen Gelegenheiten zur Kräftigung der Muskulatur eignen. Auch beim Fernsehen haben sie sich gut bewährt; neben der Muskelstärkung, die zur Entlastung der Halswirbelsäule führt, ist noch die entspannende, durchblutungsfördernde Wirkung hervorzuheben, die Kopfschmerzen und Schwindel vorbeugt. Die Übungen sollten vorbeugend und immer dann absolviert werden, wenn man während des Fernsehens Verspannungen im Nacken spürt.

Übung 1
Beide Arme heben und die Hände auf dem Hinterkopf verschränken; die Hals-Nacken-Muskeln anspannen und den Hinterkopf kräftig gegen die Handflächen pressen, die entsprechenden Gegendruck ausüben. (Instinktiv verhalten sich viele Menschen ähnlich, auch wenn sie das isometrische Training nicht kennen.)

Übung 2
Beide Arme heben und die Hände auf der Stirn verschränken; die Hals-Nacken-Muskeln anspannen und die Stirn kräftig gegen die Handflächen drücken, die durch Anspannung der Armmuskeln den notwendigen Gegendruck bewirken.

Übung 3
Einen Arm heben und die Handfläche über dem Ohr auf den Kopf legen; die Hals-Nacken-Muskeln anspannen und den Kopf kräftig zur Seite gegen die Handfläche pressen, die entsprechenden Gegendruck ausübt.

Übung 4
Die Übung 3 sinngemäß auf der anderen Kopfseite mit der anderen Handfläche wiederholen.

Rücken-Kreuz-Übungen

Die ungünstige Körperhaltung beim Fernsehen belastet die Halswirbelsäule zwar meist am stärksten, aber auch die Wirbel und
Bandscheiben der anderen Wirbelsäulenabschnitte können dadurch Schaden nehmen. Deshalb sollte man vor allem die Muskulatur des unteren Rückens, am besten aber die gesamte Rückenmuskulatur isometrisch trainieren. Das beugt schmerzhaften
Muskelverspannungen und vorzeitiger Abnutzung vor. Gleichzeitig muß man natürlich die Fehlhaltungen korrigieren.

Übung 1

Im Sitzen die Füße fest auf den Boden stellen und mit dem Gesäß
und Kreuz nach hinten rücken, bis sie die Stuhllehne berühren;
dann leicht nach vorne beugen, die Arme seitlich vom Körper
hängen lassen, und den gerundeten unteren Rücken fest gegen die
Lehne pressen; dabei gleichzeitig durch Anspannung der Beinmuskeln die Füße kräftig gegen den Boden stemmen.

Übung 2

Diese Übung beeinflußt den gesamten Rücken und ergänzt die
Übungen für die Hals- und Lendenwirbelsäule; man richtet sich
dazu im Sitzen auf, rückt von der Stuhllehne ab, hebt die Beine
vorne waagrecht an und führt die Arme nach hinten, wo die Hände die Sitzfläche des Stuhls umklammern; durch Anspannung der
Armmuskeln versucht man, den Körper nach hinten zu ziehen,
setzt dem aber durch gleichzeitige Anspannung der Rückenmuskeln entsprechenden Widerstand entgegen, so daß der Körper
unbewegt bleibt.

Bauchmuskelübung

Diese schon vertraute Übung beugt dem »Sitzbauch« vor und fördert außerdem die Durchblutung im Bauchraum und indirekt
auch in den Beinen. Sie sollte im Verlauf des Fernsehabends
mehrmals wiederholt werden. Man rückt dazu nach hinten, bis
Gesäß und Rücken die Stuhllehne berühren, atmet tief aus und
zieht den Bauch ein, wobei man gleichzeitig Gesäß und Rücken
fest gegen die Sitzlehne preßt.

Beinübungen

Beim längeren Sitzen stockt die Durchblutung in den Beinen, sie »schlafen« ein; im Laufe der Zeit entwickeln sich oft Krampfadern. Allein durch isometrische Übungen ist es nicht getan, man muß beim Fernsehen auch eine Sitzhaltung einnehmen, bei der die Beinvenen nicht zu stark in den Knien abgeknickt werden.

Übung 1
Die Beine spreizen und die Hände rechts und links außen seitlich gegen die Knie legen; mit den Handflächen versuchen, die Knie zusammenzudrücken, was durch die gleichzeitige Anspannung der Beinmuskulatur verhindert wird.

Übung 2
Sie wird sinngemäß wie die Übung 1 durchgeführt, nur legt man die Handflächen dazu rechts und links innen gegen die Knie und versucht, sie nach außen zu drücken; entsprechender Gegendruck der Beinmuskulatur setzt dem den notwendigen Widerstand entgegen.

Übung 3
Auf dem Stuhl nach hinten rücken, die Beine ausstrecken und über den Fußgelenken so kreuzen, daß der Rücken des oberen Fußes an der äußeren Kante des unteren Halt findet; durch Anspannung der Beinmuskulatur versucht man, die Füße auseinander zu ziehen, was wegen der Verflechtung über den Gelenken aber unmöglich ist (diese Übung regt vor allem die Durchblutung der Unterschenkel an, wo bevorzugt Krampfadern auftreten).

Übung 4
Die Übung 3 sinngemäß mit umgekehrt überkreuzten Fußgelenken wiederholen.

Übung 5
Die Beine nach vorne ausstrecken; die Ferse des unteren Fußes ruht auf dem Boden, die Sohle des anderen wird auf den unteren Vorderfuß gelegt; die obere Fußsohle drückt kräftig gegen den

unteren Vorderfuß, der entsprechenden Gegendruck ausübt, damit die Füße unbewegt bleiben.

Übung 6
Die Übung 5 wird sinngemäß mit umgekehrt aufeinander gelegten Füßen wiederholt.

Die einfachste und wirksamste Vorbeugung gegen »Fernsehschäden« besteht natürlich darin, rechtzeitig den Knopf zum Abschalten zu drücken, um noch andere Formen der Freizeitbeschäftigung zu pflegen. Natürlich gibt es keinen Grund, auf einen guten Film, ein interessantes Fernsehspiel, eine informative Kultursendung oder die Nachrichten zu verzichten, aber das sollte nicht das einzige Hobby bleiben. Zu viel Fernsehkonsum – der übrigens zu einer regelrechten suchtartigen Gewohnheit ausarten kann – läßt viele andere Anlagen, Bedürfnisse und Neigungen verkümmern, nicht zuletzt auch die sozialen Kontakte. Man sollte sich nicht freiwillig derart in seinen Lebensmöglichkeiten einschränken. Sorgfältige Auswahl des wirklich interessierenden Programmangebots mit Verkürzung der üblichen langen (nicht selten zum Teil verschlafenen) Fernsehzeiten kommt der körperlichen Gesundheit zugute und eröffnet neue Möglichkeiten für eine bewußt sinnvoller gestaltete Freizeit.

Vor dem Einschlafen

Ob und wie man vor dem Einschlafen isometrisch trainiert, hängt unter anderem davon ab, wann man das 90-Sekunden-Grundprogramm absolviert. Einige Menschen werden es morgens zum Muntermachen bevorzugen, andere führen es abends zur Entspannung durch. Das bleibt immer den persönlichen Bedürfnissen und Vorlieben überlassen. Anfänger können zunächst einmal ausprobieren, ob ihnen das Grundtraining morgens, im Laufe des Tages oder abends besser »bekommt«, sollten sich dann aber für einen festen Zeitpunkt entscheiden, damit die regelmäßigen Übungen zur guten Gewohnheit werden.

Grundsätzlich spricht auch nichts dagegen, wenn man morgens oder im Tagesverlauf und abends vor dem Schlafengehen jeweils 90 Sekunden lang das isometrische Grundprogramm durchführt. Notwendig ist das aber nicht, denn schon durch das einmalige Training jeden Tag erzielt man eine ausreichende Wirkung.

Die Übungen am Abend vor dem Schlafengehen sollen vor allem zur Entspannung beitragen, die den Schlaf fördert. Dazu sind praktisch alle Übungen des Grundprogramms geeignet. Man kann also nach Belieben einige davon auswählen und zum persönlichen Kurztraining vor dem Schlafengehen zusammenstellen. Empfehlenswert sind vor allem Übungen für die Hals-, Nacken- und Rückenmuskulatur, weil in diesem Bereich besonders oft Verspannungen bestehen, die auch den Schlaf behindern. Außerdem sollten Bauch- und Beinübungen durchgeführt werden, die Blut aus den oberen Körpergebieten ableiten und dadurch den Schlaf begünstigen.

Das folgende Kurzprogramm für den Abend gibt einige Anregungen, muß aber nicht unbedingt in dieser Form absolviert werden.

Hals-Nacken-Übungen

Dadurch entspannt man die Muskulatur von Hals und Nacken, eine wichtige Voraussetzung für guten, erholsamen Schlaf. Bei chronischen Schlafstörungen mit Beschwerden im Nacken-Schulter-Bereich sind diese Übungen besonders zu empfehlen. Allerdings muß man dann auch das Bett kritisch unter die Lupe nehmen, da es bei falscher Ausstattung immer wieder neue Muskelverspannungen verursacht. Zuweilen hilft es auch schon, wenn man für die Nacht ein Halstuch umlegt, um die Abkühlung der Nackenmuskulatur mit schmerzhaften Verspannungen zu verhindern.

Die folgenden 4 Übungen können auf dem Kopfkissen erfolgen; besser wirken sie aber, wenn man das Kopfkissen entfernt und eine harte Unterlage – zum Beispiel ein Buch mit festem Einband – als Widerstand unterschiebt.

Übung 1

Zunächst den Hinterkopf fest gegen die Unterlage pressen; nach 6

Sekunden die Muskeln kurz lockern und den Kopf dann so legen, daß der Nacken für 6 Sekunden gegen die Unterlage gedrückt werden kann.

Übung 2
Auf den Bauch drehen, die Stirn nach vorne beugen und 6 Sekunden lang kräftig gegen die Unterlage stemmen.

Übung 3
Auf eine Körperseite legen, den Kopf schräg zur Seite beugen und oberhalb des Ohrs fest gegen die Unterlage pressen.

Übung 4
Die Übung 3 auf der anderen Körperseite sinngemäß wiederholen.

Abb. 26: Rückenübung 1 am Abend

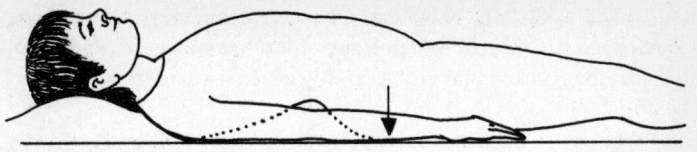

Abb. 27: Rückenübung 2 am Abend

Rückenübungen
Diese Übungen sollen die Muskulatur im Bereich der Brust- und Lendenwirbelsäule entspannen. Wenn in diesem Bereich – vor allem im Kreuz – ebenfalls häufiger Beschwerden auftreten, muß ebenfalls kritisch geprüft werden, ob nicht ein falsch ausgestattetes Bett (beispielsweise eine zu weiche, durchgelegene Matratze) daran schuld ist; solche Ursachen müssen durch entsprechende Neuausstattung des Betts beseitigt werden.

Übung 1
Im Bett aufsetzen und die Knie aufrichten; den Kopf vorbeugen, die Unterarme unter den Kniekehlen durchführen und die Hände verschränken; durch Anspannung der Rückenmuskulatur versuchen, den Oberkörper wieder aufzurichten, was durch die unter die Kniekehlen geschobenen Arme aber verhindert wird. (s. Abb. 26)

Übung 2
Im Liegen die Brust vorwölben und den oberen Rücken etwas von der Unterlage abheben, so daß der Körper auf den Schultern, dem unteren Rücken und Gesäß ruht; durch Anspannung der Muskeln den unteren Rücken fest gegen die Unterlage pressen. (s. Abb. 27)

Bauchübungen
Durch das Training der Bauchmuskulatur wird die Atmung vertieft und Blut vom Kopf abgeleitet. Das wirkt entspannend und fördert den Schlaf.

105

Übung 1

Zu dieser einfachen, inzwischen schon vertrauten Standardübung atmet man tief aus, zieht den Bauch für 6 Sekunden ein und preßt gleichzeitig Rücken und Gesäß kräftig gegen die Unterlage.

Übung 2

Sie strengt etwas stärker als die Übung 1 an, wirkt aber auch besser; in Rückenlage rutscht man dazu nach unten zur Bettlade und drückt die Fußsohlen dagegen; dann hebt man unter Anspannung der Bauchmuskeln den Kopf und Oberkörper für 6 Sekunden halb an.

Beinübungen

Auch diese Übungen sollen durch Ableitung des Bluts aus dem Kopf den Schlaf fördern. Außerdem setzt sich die Entspannung der großen Beinmuskeln zum Teil automatisch in den restlichen Körper fort. Die dazu geeigneten Standardübungen lernten wir weiter vorne schon mehrfach kennen.

Übung 1

Im Bett nach unten rücken und die Füße mit den Innenseiten rechts und links außen gegen die unteren Bettpfosten legen; durch Anspannung der Beinmuskulatur die Füße kräftig nach innen drücken, so als wollte man die Pfosten zusammenschieben.

Übung 2

Danach die Außenkanten der Füße rechts und links innen gegen die unteren Bettpfosten legen; durch Anspannung der Beinmuskeln die Füße kräftig nach außen drücken, so als wollte man die Pfosten auseinanderschieben.

Übung 3

Wenn die Übungen an den Bettpfosten nicht durchgeführt werden können (zum Beispiel weil sie zu weit voneinander entfernt stehen), bietet sich als Alternative diese Übung an; dazu spreizt man die Beine, winkelt sie in den Knien so an, daß die Fußsohlen aufeinander gelegt werden können, und preßt die Sohlen kräftig gegeneinander.

Übung 4
Die Beine ausstrecken und den vorderen Teil des einen Fußes auf den Rücken des anderen Fußes legen; durch Anspannung der Muskeln von oben kräftig gegen den unteren Fußrücken drücken, wobei der untere Fuß entsprechenden Gegendruck ausübt, so daß keine Bewegung zustande kommt.

Übung 5
Die Übung 4 sinngemäß wiederholen, dazu die Füße aber umgekehrt aufeinander legen.

Übung 6
Die Beine ausstrecken und in den Fußgelenken so überkreuzen, daß der obere Fußrücken an der Außenkante des unteren Fußes Halt findet; dann die Muskeln so anspannen, als wollte man die Füße auseinanderziehen, was wegen der Verflechtung aber nicht gelingt.

Übung 7
Die Übung 6 sinngemäß wiederholen, dazu die Füße aber entgegengesetzt überkreuzen.

Isometrische Übungen vor dem Einschlafen empfehlen sich auch dann, wenn man am Abend autogenes Training oder eine andere Form der Entspannungstherapie durchführt. Dann absolviert man zunächst die körperlichen Isometrikübungen und danach das Entspannungstraining, das nach dieser Vorbereitung meist rascher und deutlicher wirkt. (Darüber berichteten wir zu Beginn schon ausführlich im Kapitel über die Anwendungsgebiete des isometrischen Trainings.)

Trainingsprogramm zur täglichen Gesundheitspflege

Das Grundprogramm zur täglichen Gesundheitspflege erfordert insgesamt nur 90 Sekunden Zeit, das entspricht 15 Übungen zu je

6 Sekunden. Sie werden aus den im Kapitel »Isometrische Übungen für den ganzen Körper« beschriebenen einzelnen Übungen so zusammengestellt, daß man den ganzen Körper von Kopf bis Fuß durcharbeitet.

Die folgende Übersicht für das tägliche Grundtraining soll beispielhaft veranschaulichen, wie man die 15 Übungen zusammenstellen kann. Wer will, übernimmt dieses Programm zum regelmäßigen Üben. Es spricht aber auch nichts dagegen, wenn man andere Übungen sinngemäß miteinander kombiniert oder selbst neue Übungen entwickelt. Das Training soll vor allem Spaß machen, nicht allein um der Gesundheit willen verbissen nach einem vorgegebenen Plan absolviert werden.

Trainiert wird Tag für Tag möglichst immer zur gleichen Zeit, zum Beispiel nach dem Aufstehen, gleich nach Feierabend oder vor dem Schlafengehen. Im Tagesverlauf ergänzt man das Grundprogramm durch einzelne Übungen je nach Bedarf und Gelegenheit.

Übung 1
Mund und Augen so weit wie möglich aufreißen, so als wollte man vor Entsetzen gleich laut aufschreien.

Übung 2
Mund und Augen so fest wie möglich zusammenkneifen und die Augenbrauen über der Nasenwurzel zusammenziehen, so als ob sich das ganze Gesicht nach innen verkleinert.

Übung 3
Beide Hände auf dem Hinterkopf miteinander verschränken, die Hals-Nacken-Muskeln kräftig anspannen und den Hinterkopf gegen die Hände pressen, die durch gleichzeitige Anspannung der Armmuskeln Gegendruck ausüben.

Übung 4
Beide Hände auf der Stirn miteinander verschränken, die Hals-Nacken-Muskulatur kräftig anspannen und die Stirn gegen die Hände pressen, die durch gleichzeitige Anspannung der Armmuskeln Gegendruck ausüben.

Übung 5

Zwischen einen Türrahmen oder 2 nahe beieinander stehende Wände stellen, die Arme in den Ellbogen anwinkeln und die Handflächen rechts und links flach gegen den Rahmen oder die Wände legen; die Muskeln anspannen und aus den Schultern heraus kräftig mit beiden Händen gegen den Widerstand stemmen.

Übung 6

Die Hände mit gespreizten, leicht gekrümmten Fingern unter die Schreibtischplatte, ein Fensterbrett oder einen anderen geeigneten Einrichtungsgegenstand schieben und die Muskeln kräftig anspannen, als wollte man den Gegenstand anheben.

Übung 7

Die Arme in Brusthöhe nach vorne strecken, in den Ellbogen anwinkeln, und die gespreizten leicht gekrümmten Finger mit den Kuppen unter Anspannung der Muskulatur kräftig gegeneinander pressen.

Übung 8

Auf den Bauch legen, die Arme seitlich ausstrecken und die Handflächen nach unten gekehrt kräftig gegen die Unterlage stemmen, als wollte man sich mit den Armen hochheben.

Übung 9

Mit dem Gesicht ganz nahe zu einer Wand stellen, die Arme seitlich ausstrecken und in den Ellbogen so anwinkeln, daß die Handflächen vor den Schultern flach kräftig gegen die Wand gestemmt werden können, als wollte man sich von ihr wegdrücken.

Frauen können zur Formung und Straffung der Brüste anstelle der oben beschriebenen Übungen 8 und 9 die folgende Übung durchführen; da sie insgesamt 18 Sekunden dauert, verzichtet man auf die Übung 9 und geht gleich zur 10. Übung weiter.

Übung 8 für Frauen

Die Arme nach vorne ausstrecken und einen festen, flachen Gegenstand (zum Beispiel ein nicht zu schweres Buch) zwischen die Handflächen nehmen; die Arme mit dem Gegenstand in Kopfhöhe halten und 6 Sekunden kräftig mit beiden Handflächen pressen, dann die Übung in gleicher Weise mit den vor die Brust und vor den Bauch gehaltenen Armen wiederholen.

Übung 10

Auf den Rücken legen, die Beine anheben und die Knie so nahe zur Brust führen, daß man die Unterschenkel unterhalb der Knie mit beiden Händen umfassen kann; die Knie fest gegen die Hände stemmen, als wollte man die Beine ausstrecken, und gleichzeitig durch Anspannung der Arm- und Rückenmuskeln entsprechenden Gegendruck ausüben, so daß die Beine unbewegt bleiben.

Übung 11

Flach auf den Bauch legen, die Arme seitlich ausstrecken und in den Ellbogen so anwinkeln, daß die Handflächen vor den Schultern flach auf der Unterlage ruhen; die Beine weit spreizen und in den Knien anwinkeln, dabei die Innenseiten der Füße fest auf die Unterlage stellen; das Gesäß und die Beine für 6 Sekunden so anheben, daß sich der Unterkörper von den Füßen bis zum Bauch frei in der Luft befindet, während die Fußinnenseiten und die auf dem Boden liegende Brust festen Halt bieten.

Übung 12

Auf den Rücken legen, die Knie hochstellen, tief ausatmen und den Bauch kräftig einziehen; dabei gleichzeitig den unteren Rücken und das Gesäß fest gegen die Unterlage pressen.

Die Übung 12 kann wie folgt variiert werden:
● Im Sitzen auf dem Stuhl nach hinten rücken, damit der untere Rücken die Stuhllehne berührt; tief ausatmen, den Bauch kräftig einziehen und gleichzeitig den Rücken fest gegen die Stuhllehne pressen.
● Im Stehen an einer Wand den unteren Rücken und das Gesäß anlehnen und den oberen Teil des Rückens leicht nach vorne beugen; dann tief ausatmen, den Bauch kräftig einziehen und

gleichzeitig das Gesäß und den unteren Rücken fest gegen die Wand pressen.

Übung 13

Auf eine Körperseite legen, beide Arme nach vorne ausstrecken und den Kopf auf den unteren Arm legen; das untere Bein im Kniegelenk leicht anwinkeln, damit der Körper stabil in dieser Seitenlage ruht; das ausgestreckte obere Bein unter Anspannung der Hüftmuskulatur für 6 Sekunden so weit wie möglich nach oben heben.

Danach kann man die Übung 13 auf der anderen Körperseite durchführen (dann dauert das Grundprogramm allerdings 96 Sekunden) oder im täglichen Wechsel jeweils auf einer Körperseite üben.

Übung 14

Auf den Rücken legen, die ausgestreckten Beine spreizen und mit den Füßen rechts und links festen Halt an einem Möbelstück suchen, an dessen beide Außenseiten man die Innenflächen der Füße legt; durch Anspannung der Muskulatur die Füße kräftig gegen die Seiten des Möbelstücks stemmen, so als wollte man es zusammendrücken.

Die Übung 14 kann wie folgt variiert werden:
● Im Sitzen die beiden Füße mit den Innenflächen rechts und links außen gegen die vorderen Stuhlbeine legen und durch Anspannung der Muskeln kräftig dagegen stemmen, so als wollte man die Stuhlbeine zusammenpressen.
● Im Liegen oder Sitzen sinngemäß die Außenseiten der Füße rechts und links von innen gegen einen Widerstand legen und kräftig dagegen nach außen stemmen, so als wollte man ihn auseinanderdrücken.

Übung 15

Im Sitzen oder Liegen die Beine nach vorne ausstrecken; das Fußgewölbe (Fußsohle) des einen Fußes auf den vorderen Teil des Rückens des anderen Fußes legen; der untere Fuß drückt kräftig nach oben, das Gewölbe des oberen Fußes übt den entsprechenden Gegendruck aus, so daß die Füße unbewegt bleiben.

Damit endet das isometrische Tagesprogramm, das zur regelmäßigen Gesundheitspflege erforderlich ist. Zwischen den einzelnen Übungen schiebt man jeweils eine kurze Pause ein, in der die Muskeln entspannt bleiben. Mit diesen Unterbrechungen erfordert das Grundtraining insgesamt ungefähr $2\frac{1}{2}$ – 3 Minuten – eine geringe Zeitspanne, wenn man den Wert der Übungen für die Gesundheit bedenkt.

Gymnastik und Sport –
Ergänzung der isometrischen
Übungen

Isometrisches Training schafft die Grundvoraussetzungen der täglichen Gesundheitspflege durch Körperertüchtigung. Notfalls kann man sich damit schon begnügen, aber die bestmögliche Wirkung erzielt man erst, wenn man zusätzlich noch regelmäßig Gymnastik und Sport treibt. Oft erleichtern die isometrischen Übungen den Entschluß dazu, weil sie die Muskulatur ausreichend kräftigen und vor allem an regelmäßige Körperschulung gewöhnen.

Wer ständig isometrische Übungen absolviert, muß nicht mehr so intensiv wie sonst Gymnastik und Sport betreiben. Trotzdem empfiehlt es sich auch dann, regelmäßig ein Mindesttrainig durchzuführen, das allmählich wie die Isometrik zur guten Gewohnheit wird. Besonders empfehlenswert ist es, die isometrischen Übungen mit Gymnastik und Sport zu kombinieren; dann absolviert man einen Teil des isometrischen Grundprogramms vorher, um die Muskeln zu lockern und Verletzungen vorzubeugen, den anderen Teil hinterher zur »Entmüdung« der Muskulatur.

Ausführliche Anleitungen zu Gymnastik und Sport würden den Rahmen dieses Buchs weit überschreiten. Dazu findet man im Buchhandel genügend Ratgeber mit vielen praktischen Übungen für das individuell zusammengestellte Programm. Wir beschränken uns hier darauf, die Grundregeln für das zusätzliche Training aufzustellen.

113

Tägliche Gymnastik

Gymnastische Übungen sollen einen Ausgleich zu den einseitigen Belastungen des Alltags schaffen. Damit wirken sie in ähnlicher Richtung wie die isometrischen Übungen, der Unterschied besteht darin, daß Gymnastik auch die Gelenke mit einbezieht, die bei der Isometrik nicht trainiert werden können. Somit ergänzen sich die isometrischen und gymnastischen Übungen.

Während man ohne gleichzeitige Isometrik mindestens 2mal täglich je 10 Minuten lang Gymnastik betreiben sollte, genügen bei der Kombination mit isometrischen Übungen 1mal 5 – 10 Minuten Gymnastik am Tag. Außerdem kann man einzelne gymnastische Kurzübungen im Tagesverlauf einschieben, um Fehl- und Zwangshaltungen zusammen mit den isometrischen Übungen auszugleichen.

Anfänger, die nach jahre- bis jahrzehntelangem Bewegungsmangel wieder mit Gymnastik beginnen wollen, bereiten sich darauf am besten vor, indem sie zunächst etwa 10 Tage lang nur Isometrik üben, um die verkümmerte Muskulatur wieder zu kräftigen. Danach beginnen sie mit 1mal täglich 2 – 3 Minuten Gymnastik und steigern dann entsprechend der verbesserten Leistungsfähigkeit allmählich auf 5 – 10 Minuten. Das genügt, um den Körper zusammen mit dem isometrischen Training fit zu halten, kann mit zunehmender Übung aber auch noch weiter ausgedehnt werden. Übertreiben darf man die Gymnastik aber nicht, sonst richtet man mehr Schaden an.

Dem Untrainierten fällt es zunächst schwer, die Übungen alle korrekt nach der Beschreibung durchzuführen. Das ist aber kein Anlaß, die Flinte gleich wieder ins Korn zu werfen, denn je geschmeidiger die Muskeln und Gelenke durch regelmäßiges Training werden, desto besser gelingen die Übungen. Erzwingen darf man nichts, sonst verkrampfen sich die Muskeln und das Verletzungsrisiko erhöht sich.

Zur Kombination von Isometrik und Gymnastik geht man am besten wie folgt vor:

● Einleitend einige isometrische Übungen durchführen, um die Muskulatur zu lockern;

● anschließend das Gymnastikprogramm absolvieren. Zum Schluß die restlichen isometrischen Übungen durchführen, um die beanspruchte Muskulatur zu »entmüden«.

Das gymmastische Programm soll ebenfalls den gesamten Körper durcharbeiten. Dazu sind Übungen für die großen Gelenke, den Bauch, Rücken und für die Füße erforderlich. Aus jeder dieser Übungsgruppen soll mindestens eine Übung zum täglichen Training ausgewählt werden. Dazu einige Beispiele:

Gelenkübung

Mit gestreckten Beinen auf den Boden setzen; ein Bein so weit beugen, daß die Hand der gleichen Körperseite den Fuß umfassen kann; dann wird das Bein, von der Hand festgehalten, schräg nach vorne oben ausgestreckt, wobei man sich mit der freien Hand hinten am Boden abstützt.
Die Übung wird mit jedem Bein 5mal hintereinander durchgeführt.

Bauchübung

Auf den Boden setzen, die beiden Beine in den Knien angewinkelt, die Arme seitlich vom Körper ausgestreckt (nicht auf dem Boden abstützen, sonst beansprucht man die Bauchmuskeln nicht ausreichend); beide Beine gleichzeitig nach vorne in die Höhe strecken und wieder einziehen, insgesamt 10- bis 15mal, wobei man das Gleichgewicht auf dem Gesäß ausbalancieren muß.

Rückenübung

Auf den Bauch legen, die Arme nach vorne über den Kopf, die Beine nach hinten ausstrecken; beim Einatmen Kopf, Brust und Arme vom Boden anheben und beim Ausatmen wieder in die Ausgangsstellung zurückkehren, insgesamt 10- bis 15mal hintereinander.

Fußübung

Auf einen Stuhl setzen, die Füße stehen fest auf dem Boden; abwechselnd mit den Fersen und Zehenspitzen auf den Boden tippen, wobei man die Zehen so hoch wie möglich nach oben und so tief wie möglich nach unten hält; im ständigen Wechsel zwischen rechts und links mit jedem Fuß 20mal wiederholen.

Ergänzen sollte man die Gymnastik durch Atemübungen, die sich günstig auf Herz, Kreislauf, Nervensystem, Sauerstoffversorgung und indirekt auch auf das Seelenleben auswirken. Außerdem kann man die Gymnastik mit entspannenden Yoga-Übungen kombinieren und dadurch ebenfalls eine ganzheitliche Wirkung auf Körper und Seelenleben erzielen. Dazu gibt es genügend spezielle Literatur* mit praktischen Anleitungen.

Regelmäßiger Sport

Neben Isometrik und Gymnastik sollte man auch noch regelmäßig etwas Sport betreiben, um die Gesundheit optimal zu schützen. Im allgemeinen gelten 3mal 30 Minuten wöchentlich als Mindestmaß, bei gleichzeitigem isometrischem Training können schon 3mal 15 – 20 Minuten pro Woche ausreichen. So genau muß man es mit diesen Zeitangaben aber nicht nehmen, denn Sport sollte als gesundes Hobby betrieben werden, das Spaß macht und soziale Kontakte fördert; dazu wird man in der Freizeit sicher mehr als die oben genannte Zeit aufwenden wollen. Vor allem das Wochenende bietet sich noch an, um über das wöchentliche Mindestmaß hinaus für körperliche Bewegung zu sorgen.

Ungeeignet zum gesunden Training sind alle Hochleistungssportarten, denn es kommt nicht auf kurze Höchstleistungen an, die oft schon in frühen Jahren zu nicht mehr rückgängig zu machenden Sportschäden führen können. Wichtig ist vielmehr das Training der körperlichen Ausdauer mit allmählicher Steigerung der Leistungsfähigkeit. Damit kann man praktisch in jedem Alter – selbst nach jahrzehntelangem Bewegungsmangel – wieder beginnen. Al-

---

* Dazu empfehlen wir die ECON Ratgeber ETB 20130 »Yoga-Meditation« von Hartmut Weiss, ETB 20163 »Autogenes Yoga« von Dennis Boyes und ETB 20223 »Atemschulung« von Margot Scheufele-Osenberg.

lerdings sollte man nach dem 35. Lebensjahr und bei bestehenden Krankheiten vorsorglich erst den Therapeuten befragen, der bei Bedarf einige Einschränkungen und Vorsichtsmaßnahmen verordnen wird.

Durch Isometrik und Gymnastik können Ungeübte sich nach folgendem Zeitplan auf den Sport vorbereiten:

- In den ersten 10 Tagen nur regelmäßig isometrische Übungen zur Kräftigung der Muskulatur durchführen;
- danach 10 – 20 Tage lang (je nach persönlichem Leistungsstand) die Belastungsfähigkeit durch Kombination von Isometrik mit Gymnastik allmählich steigern;
- anschließend das isometrische und gymnastische Übungsprogramm beibehalten und zusätzlich 3mal wöchentlich entsprechend der individuellen Leistungsfähigkeit Sport treiben.

Beim Sport gilt wie für die Gymnastik, daß man einleitend zur Lockerung der Muskulatur einige isometrische Übungen durchführt, dann das Sportprogramm absolviert und dann wieder mit isometrischen Übungen die Muskeln zum Abschluß »entmüdet«.

Die nachstehenden Grundregeln sollen beim Sport strikt beachtet werden:

- Regelmäßig trainieren, damit man sich bald daran gewöhnt und die Leistungsfähigkeit allmählich gesteigert wird;
- die Trainingsdauer allmählich entsprechend dem sich verbessernden Leistungsstand erhöhen und jede Überanstrengung vermeiden (Muskelkater ist kein Zeichen für die erwünschte Wirkung, sondern Symptom der Überforderung);
- der Ablauf der Bewegungen soll fließend-dynamisch sein und plötzliche hohe Kraftentfaltung vermeiden, die richtige Technik der einzelnen Sportarten muß bei Bedarf unter fachmännischer Anleitung erlernt werden;
- nie mit vollem Magen gleich nach dem Essen, sondern frühstens 2 Stunden danach Sport treiben (das gilt vor allem beim Schwimmen;
- bei Außentemperaturen über 25 °C und/oder schwülem Wetter mit mehr als 75 % relativer Luftfeuchtigkeit nur in den kühleren Morgen- und Abendstunden trainieren, um Überlastungen vor allem des Herz-Kreislauf-Systems zu vermeiden;

- das Training muß bei Gesunden (Kranke befragen ihren Therapeuten) mindestens 50%, maximal 70% der persönlichen körperlichen Leistungsfähigkeit beanspruchen, erkennbar an der Steigerung der Pulsschläge pro Minute auf 170–180 minus Lebensalter (bei einem 20jährigen also 150–160, bei einem 40jährigen 130–140, bei einem 60jährigen nur noch 110–120); bleibt man wesentlich darunter, genügt die Belastung nicht, um die Ausdauer zufriedenstellend zu trainieren, bei Überschreitung droht die gesundheitsschädliche Überforderung;
- die Sportarten müssen mindestens $1/7$ (besser mehr) der gesamten Skelettmuskulatur beanspruchen, eine Forderung, die man vor allem beim Laufen, Radfahren und Schwimmen erfüllt.

Wer diese Grundregeln strikt beachtet, kann als Gesunder unter verschiedenen Sportarten die persönlich am meisten zusagenden auswählen und als gesundes Hobby regelmäßig betreiben. Einige besonders gut geeignete Formen wollen wir zum Abschluß noch kurz vorstellen.

Jogging

Darunter versteht man den Dauerlauf in mäßigem Tempo (man sollte sich dabei noch unterhalten können), der sich inzwischen auch bei uns größerer Beliebtheit erfreut. Er muß regelmäßig mindestens 3mal wöchentlich durchgeführt werden. Die Laufstrecke steigert man entsprechend der allmählich verbesserten Leistungsfähigkeit. Der einfachste Trainingsplan sieht vor, daß man in der 1. Woche mit 1 Minute Dauerlauf beginnt und dann jede Woche 1 Minute länger läuft, bis man nach etwas mehr als einem Jahr 1 Stunde durchlaufen kann. Es gibt aber noch andere Pläne und verschiedene Varianten der Lauftechnik, auf die wir hier nicht mehr eingehen können. Am besten schließt man sich einer Gruppe erfahrener Jogger unter Anleitung eines Trainers an, um keinerlei Risiko einzugehen.

Übertriebenes Joggen kann nach Erkenntnissen amerikanischer Psychologen übrigens zu einer Art Sucht werden und die Gesundheit ruinieren; wer merkt, daß er wie unter einem inneren Zwang immer mehr und häufiger trainiert, sollte rechtzeitig die »Notbremse« ziehen und mit dem Arzt oder Psychotherapeuten sprechen, ehe gesundheitliche Schäden auftreten. Vernünftig betrieben gehört Joggen aber zu den am besten für die Gesundheit geeigneten Sportarten.

Schwimmen

Auch der Schwimmsport ist sehr zu empfehlen, weil man dabei den ganzen Körper trainiert, die Koordination der Bewegungen verbessert, das Herz-Kreislauf-System übt und die Gelenke entlastet. Brustschwimmen eignet sich wegen der ungünstigen Hohlstellung des Rückens meist nicht bei Bandscheiben-Wirbelschäden, Rückenschwimmen und Kraulen dagegen kommen für alle Menschen in Frage.

In der Regel beginnt man mit 3mal 3 Minuten Schwimmen in der 1. Woche und steigert dann innerhalb von 8 Wochen auf 3mal wöchentlich 500 m Schwimmstrecke, das genügt zum Dauertraining.

Radfahren

Seit einiger Zeit nützen immer mehr Menschen das Fahrrad als Fortbewegungsmittel und Sportgerät. Radfahren beansprucht große Teile der Muskulatur und entlastet die Gelenke, so daß es auch bei Gelenkkrankheiten meist empfohlen werden kann.

Anfänger üben zunächst auf ebener Strecke 3mal wöchentlich nach folgendem Plan:

– 1. Woche 2 km Fahrtstrecke in 8 – 9 Minuten;
– 2. Woche 3 km Fahrtstrecke in 12 – 14 Minuten;
– 3. Woche 4 km Fahrtstrecke in 16 – 18 Minuten;
– 4.–9. Woche jede Woche 2 km Fahrtstrecke mehr, wobei gleichzeitig die Fahrtzeit pro km individuell verkürzt wird;
– ab der 10. Woche 20 km Fahrtstrecke in 90 Minuten; das genügt zum Dauertraining; der Geübte kann auch längere Radtouren mit größeren Steigungen unternehmen.

Bei schlechtem Wetter kann man zu Hause auf dem Zimmerfahrrad trainieren; dazu gelten die Angaben der Hersteller.

Skilanglauf

Das Skiwandern eignet sich im Winter gut zum Training, setzt aber voraus, daß man sich rechtzeitig im Herbst durch gezielte Übungen vorbereitet, die richtige Lauftechnik unter Anleitung eines Trainers (Skiclub) erlernt, über gutes Schuhwerk, geeignete Kleidung und Ski verfügt.

Anfänger beginnen auf gespurten Loipen und legen in der 1. Woche 2- bis 3mal je 2 km in 20 Minuten zurück. Dann steigert man die Laufstrecke jede Woche um 1 km und verkürzt die Laufzeit pro km. Nach 5 Wochen sollte man 6 km in 50–55 Minuten schaffen; das genügt zum dauernden Training während der Wintermonate, kann aber auch zu Skiwanderungen außerhalb der Loipen über mehrere Stunden ausgedehnt werden.

Gehen

Diese einfachste Sportart eignet sich praktisch für jedermann, wirkt aber nur dann ausreichend, wenn man nicht gemächlich spazierengeht, sondern flott marschiert und die Belastung allmählich steigert. Zum Training wählt man nicht zu anstrengendes Gelände in der freien Natur abseits vom Verkehr und der Industrie.

Anfänger sollten in der 1. Woche 3mal je 1,5 km in jeweils 16,5 Minuten gehen. In der 2. Woche steigert man auf 2,5 km in 20 Minuten, ab der 3. bis zur 10. Woche erhöht man wöchentlich um 0,5 km, für die man jeweils 4–4,5 Minuten länger benötigen darf, bis man bei 6,5 km in 54 Minuten ankommt. In den letzten 3 Wochen erhöht man die Wegstrecke dann wieder jede Woche um 0,5 km bis auf 8 km und verkürzt die Gehzeit pro km weiter, damit man die 8 km in 64 Minuten schafft. Das genügt 3mal wöchentlich zum Dauertraining, kann aber auch zu stundenlangen Wanderungen ausgedehnt werden.

Neben den hier genannten gibt es noch zahlreiche andere Möglichkeiten, um sich regelmäßig durch Sport fit zu halten. Zu nennen sind zum Beispiel noch Golf, Tennis, Fußball, Handball oder andere Rasen- und Ballsportarten, im weiteren Sinne auch das regelmäßige Tanzen. Wer sich etwas Zeit zum Überlegen nimmt, findet immer die ihm gemäße Sportart, die der Gesundheit dient und Spaß macht.

Register

Bewußter leben und erleben.	*Der Weg zum inneren Reich.*	*Wir sind alle auf demselben Weg.*	*Schlank im Schlaf.*

Marie-Luise Stangl **Jede Minute sinnvoll leben** Vertrauen zu sich selbst gewinnen	Bernhard Müller-Elmau **Kräfte aus der Stille** Die transzendentale Meditation	Marie-Luise Stangl **Die Welt der Chakren** Praktische Übungen zur Seins-Erfahrung	Alfred Bierach **Schlank im Schlaf durch vertiefte Entspannung** Die SIS-Methode
ECON Ratgeber	ECON Ratgeber	ECON Ratgeber	ECON Ratgeber

Stangl, Marie-Luise
Jede Minute sinnvoll leben
– Vertrauen zu sich selbst gewinnen –
123 Seiten
5,80 DM
ISBN 3-612-20015-1
ETB 20015

Müller-Elmau, Bernhard
Kräfte aus der Stille
– Die transzendentale Meditation –
191 Seiten
7,80 DM
ISBN 3-612-20021-6
ETB 20021

Stangl, Marie-Luise
Die Welt der Chakren
– Praktische Übungen zur Seins-Erfahrung –
Originalausgabe
107 Seiten
49 Zeichnungen
5,80 DM
ISBN 3-612-20022-4
ETB 20022

Bierach, Alfred
Schlank im Schlaf durch vertiefte Entspannung
– Die SIS-Methode –
144 Seiten, 1 Grafik
6,80 DM
ISBN 3-612-20008-9
ETB 20008

Das Buch

Eine der besten Kennerinnen der alten chinesisch-japanischen Weisheiten des Zen-Buddhismus verhilft dem Leser – von der Hausfrau bis hin zum Top-Manager – zu einem neuen Verständnis seiner selbst. Sie beschreibt, wie man durch Bewußtwerdung ganz alltäglicher Tätigkeiten und Verrichtungen – wie Gehen, Stehen, Laufen, Essen, Arbeiten – sein Leben und seine Persönlichkeit eindringlicher und bejahender erlebt und erfaßt, wie man sich von Angst, Zerrissenheit, Selbstentfremdung und aus innerer Einsamkeit löst und dadurch neue Lebenskraft schöpft.

Die Autorin

Marie-Luise Stangl leitet im Odenwald, zusammen mit ihrem Mann Dr. Anton Stangl, seit vielen Jahren Seminare zur Persönlichkeitsbildung durch Entspannungstechniken.

Das Buch

Ohne Bewußtsein könnten wir nichts von unserem Dasein als Mensch wissen. Transzendentale Meditation führt den Menschen wieder in die Bereiche des Seelisch-Geistigen zurück und erschließt ihm sein inneres Reich und ein Bewußtsein, in dem Liebe, Glück und Würde ihren angestammten Platz einnehmen können.

Der Autor

Bernhard Müller-Elmau leitet Schloß Elmau am Wetterstein, das sein Vater als Stätte geistiger Erholung geschaffen hat. Er beschäftigt sich seit vielen Jahren mit Transzendentaler Meditation. Während eines Studienaufenthaltes in Indien traf er Maharishi Mahesh Yogi, der dies erste deutsche Buch über Transzendentale Meditation gut geheißen hat.

Das Buch

Die Lehre von den Chakren – eine indische Lehre – handelt von den menschlichen Kraftzentren, den Zentren, in denen der Mensch die Schwingungen seiner Lebensenergie oder Lebenskraft aus dem Kosmos, der unmerklichen Quelle seines Seins aufnimmt. Dieses Buch soll dem Leser helfen, bewußter zu leben, sein Denken und Fühlen im Hier und Jetzt zu zentrieren, sich zu entspannen, Zuversicht, Vertrauen, Frieden und Liebe zu finden.

Die Autorin

Marie-Luise Stangl ist Entspannungspädagogin. Sie leitet seit vielen Jahren, zusammen mit ihrem Mann Dr. Anton Stangl, Seminare zur Selbsterfahrung und Selbstverwirklichung durch Eutonie und Zen.

Das Buch

Durch vertiefte Entspannung im Schlaf schlank werden, dies ist eine neue Methode, die all jenen zu empfehlen ist, die ohne Mühe schlank werden und endlich wieder ihr Normalgewicht erreichen wollen. Im Zustand tiefster Entspannung suggeriert der Mensch seinem Unterbewußtsein ein verändertes Ernährungsprinzip und kann so bei Bewußtsein mühelos den neuen Weg einhalten. Eine wissenschaftliche und praxiserprobte Methode, die in psychosomatischen Kliniken angewandt wird.

Der Autor

Dr. Alfred Bierach, Psychotherapeut und Naturheilkundler, ist in eigener Praxis am Bodensee tätig. Mit der SIS-Methode hat er vielen Patienten geholfen, schlank zu werden.

Biologisch kochen und backen

Helma Danner

Biologisch kochen und backen

Das Rezeptbuch der natürlichen Ernährung

ECON Ratgeber

Danner, Helma
Biologisch kochen und backen
– Das Rezeptbuch der natürlichen Ernährung –
288 Seiten, 8 Farbtafeln, 425 Rezepte
14,80 DM
ISBN 3-612-20003-8
ETB 20003

Das Buch
Natürliche Ernährung ist nicht nur gesund, sondern auch wohlschmeckend, durch sie können Krankheiten geheilt, gelindert und verhindert werden: Karies, Paradontose, Erkrankung des Bewegungsapparates, Zuckerkrankheit, Leber-, Gallen-, Nierenerkrankungen, Beschwerden der Verdauungsorgane, Gefäßerkrankungen u. v. a. m. Naturbelassene Ernährung bringt dem Menschen neuen Schwung, Elastizität, Ausdauer und hohe Konzentrationsfähigkeit, sie erhält ihn gesund und schlank.
Die Rezepte in diesem Buch sind praxiserprobt.

Die Autorin
Helma Danner ist Gesundheitsberaterin. Sie beschäftigt sich seit vielen Jahren mit der wissenschaftlichen und Laienliteratur auf dem Ernährungssektor, mit neuesten und alten Gesundheits- und Kochbüchern.

Ilse Sibylle Dörner

Das grüne Kochbuch

Handbuch der naturbelassenen Küche

ECON Ratgeber

Dörner, Ilse Sibylle
Das grüne Kochbuch
– Handbuch der naturbelassenen Küche –
270 Seiten
20 Zeichnungen
382 Rezepte
12,80 DM
ISBN 3-612-20026-7
ETB 20026

Das Buch
Das Handbuch der naturbelassenen Küche beweist mit über 380 Rezepten, daß man gesund leben und trotzdem köstlich essen kann.
Modernes Kochen mit frischen und gesunden Lebensmitteln, die schonend, selbst für schmackhafte Speisen, verarbeitet werden – unter dieser Maxime steht das grüne Kochbuch mit seinen vielen praxiserprobten Rezepten, Anleitungen, Tips und Ratschlägen zur naturbelassenen Küche. Es zeigt aber auch, daß Kochen nicht erst am Herd beginnt: Joghurt und Käse, Gemüse und Kräuter aus eigener Produktion bereichern jeden Tisch.

Die Autorin
Ilse Sibylle Dörner schreibt als freie Journalistin u. a. für die Zeitschrift „Feinschmecker". Sie ist Autorin mehrerer Kochbücher.

Ilse Sibylle Dörner

Diät mit Bio-Kost

Schlank, gesund und fit

ECON Ratgeber

Dörner, Ilse Sibylle
Diät mit Bio-Kost
– Schlank, gesund und fit –
Originalausgabe
189 Seiten
16 Zeichnungen
232 Rezepte
9,80 DM
ISBN 3-612-20019-4
ETB 20019

Das Buch
Bio-Diät ist eine neue, gesunde Möglichkeit, schlank zu werden und schlank zu bleiben. Köstliche Rezepte, eine Einführung in die Kräuter- und Keimlingszucht, Bio-Kosmetik und Bio-Medizin verleiten dem Leser, sofort anzufangen und ohne Qual und zeitliche Begrenzung seinem Körper etwas Gutes zu tun, ihn schlank und fit zu halten.

Die Autorin
Ilse Sibylle Dörner schreibt als freie Journalistin u. a. für die Zeitschrift „Feinschmecker". Sie ist Autorin mehrerer Kochbücher, u.a. „Das grüne Kochbuch", ein Standardwerk für die alternative Küche.

Katharina Buss

Leib- und Magenelixiere

Selbstgemachte Liköre und Schnäpse

ECON Ratgeber

Buss, Katharina
Leib- u. Magenelixiere
– Selbstgemachte Liköre u. Schnäpse –
Originalausgabe
144 Seiten
30 Zeichnungen
4 Farbtaf., 167 Rezepte
8,80 DM
ISBN 3-612-20018-6
ETB 20018

Das Buch
Äbte, Padres und Nonnen durften keinen Alkohol zu sich nehmen, und doch haben sie die besten Rezepte für die Zubereitung von Kräuterlikören und Schnäpsen zusammengestellt.
Viele der alten Klostertränke sind hier in etwa 200 Rezepten aufgenommen. Für jeden Geschmack und für die Gesundheit obendrein ist etwas dabei. Eine Tabelle über die Reifezeiten von Früchten und Kräutern erleichtern die jährliche Planung der eigenen Herstellung.

Die Autorin
Katharina Buss ist Lebensmitteljournalistin, sie schreibt u. a. für den „Feinschmecker". Die Rezepte hat sie selbst ausprobiert.